JN335468

ケースで学ぶ
管理会計

ビジネスの成功と失敗の裏には管理会計の優劣がある

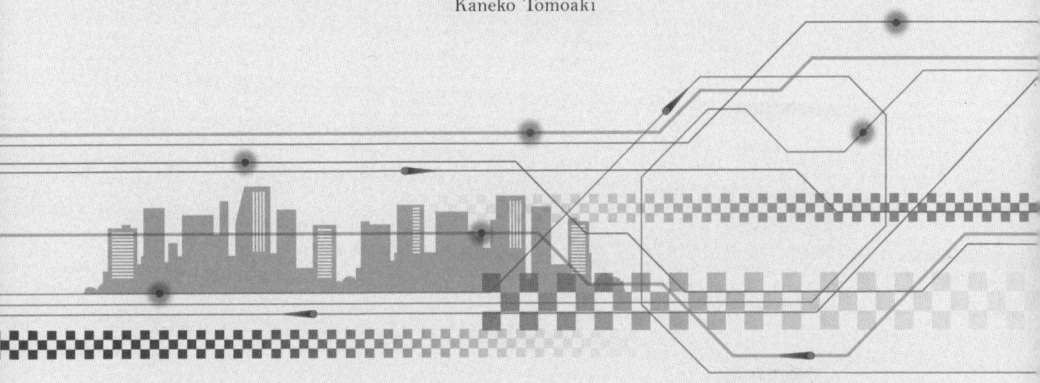

コンサルタント・公認会計士
金子智朗
Kaneko Tomoaki

同文舘出版

はじめに

　ビジネスの成否の裏には管理会計の優劣がある—少々大袈裟かもしれませんが，これは1つの真実ではないかと思っています。
　それを確信させてくれたのは，京セラの創業者であり，経営破綻した日本航空再建の立役者である稲盛和夫氏の言葉です。
　稲盛氏は，日本航空の再上場から間もない2012年10月30日に開かれた日経フォーラム世界経営者会議において，非常に興味深いことをおっしゃっています。
　稲盛氏はそこでリーダーがやるべきこととして4つのことをあげ，それを日本航空の再建においても実行したというのです。
　その4つとは以下のとおりです。
　第1は，組織の目指すべきビジョンを高く掲げること。第2は，組織のメンバーとビジョンを共有すること。第3は，人間性を高め，フィロソフィを組織に広めること。そして第4が，全社員が参加できる管理会計システムを構築することです。
　このような文脈でトップの口から「管理会計」という言葉が出るのはあまり例がありません。しかも，ビジョンや人間性，フィロソフィなどと同列で語っています。そして，それを世界経営者会議という場で述べているのです。
　実際，本書でも取り上げているとおり，京セラにおいても日本航空の経営再建においても，管理会計が重要な役割を果たしています。
　他の企業においても，なかなか表には出てきませんが，やはりビジネス成否の裏には管理会計の優劣があると思うのです。このような問題意識から生まれたのが本書です。
　元となっているのは，『週刊経営財務』（税務研究会）において2012年1月から同12月まで連載した「これからの管理会計を語ろう」と，同じく2013年2月から同9月まで連載した「これからの管理会計を語ろうⅡ

ケーススタディ編」です。今回，ケーススタディを中心に再構成し，必要な加除修正をして本書を作成しました。

テーマごとにまとめた各章には，複数のケースとそれらに関連する理論の解説を付けました。

理論解説の部分はあくまでも「関連理論」の解説ですので，ここを読まなくても各ケースは十分に理解できると思います。通り一遍以上のことは書いたつもりですが，場合によっては必要に応じて参照していただく程度でも構わないかもしれません。

各ケースには若干の前後関係がありますが，章単位では基本的にそれぞれ独立しています。ですから，必ずしも頭から読まず，関心のあるところだけをつまみ食いしていただいてもよろしいかと思います。

たかが会計ですが，されど会計です。特に，管理会計はマネジメントのための会計です。各ケースをとおして，ビジネスの成否の裏には管理会計の優劣があるということを感じ取っていただければ幸いです。

もう1ついっておきたいのは，管理会計に大企業も中小企業もないということです。

財務会計であれば，非上場企業の方はほとんど関心がないかもしれません。なぜならば，財務会計は開示のためのルールだからです。不特定多数の人に情報開示の義務を負う上場企業でなければ，そんなものは何の飯のタネにもならないというのが本音でしょう。

しかし，管理会計は違います。管理会計はマネジメントのための会計です。中小企業であろうと，人が何人か集まるところに起こる管理上の問題は大企業とほとんど変わりません。それは，大企業から中小企業までコンサルティングをしている筆者の実感です。

ケースで取り上げているのは，ほとんどが名の知れた大企業ばかりですが，中小企業にとっても大いに参考になるところがあるはずです。

最後になりましたが，本書の出版を快く引き受けてくださった同文舘出版の青柳裕之氏にお礼申し上げます。また，連載中ずっとお世話になり，

単行本化に際しても全面的に協力してくださった税務研究会『週刊経営財務』編集長の金平伸一氏に感謝いたします。

　そして，ケースとして取り上げさせていただいた各企業およびその関係者の方々に感謝するとともに，私の一方的な解釈にもとづく内容についてはご容赦いただければ幸いです。

2014年9月
コンサルタント・公認会計士
金子智朗

■■■ 目　　次 ■■■

第1章　業績評価指標と組織のあり方

CASE1　長年赤字だった企業が1年で黒字に
―管理単位の最小化とBSC的業績評価の成功例― ……… 2
- 黒字化が課題のコンサルティング会社　2
- まず組織に手を付ける　2
- ペイナウと業績重視の評価システム　4
- 5つの指標で大胆にボーナスが増減　5
- ポイントは管理単位の細分化と利益責任の明確化　6
- 業績評価指標の重要性　7
- 成功ストーリーの前提条件　8

CASE2　マトリクス組織で売上増大
―クライアント志向の組織と売上の二重計上がカギ― ………… 9
- 売上増加の打ち手　9
- チーム制では難しい　10
- マトリクス組織へ　11
- 顧客志向の組織　13
- 画竜点睛の管理会計のカタチ　13
- 財務会計と常に一致している必要はない　15

CASE3　商社系SIベンダーの失敗
―競争型組織と協調型組織― ……………………………… 16
- SIビジネスの特性　16
- 売上増大が課題のSIベンダー　17
- 安直な事業部制が問題　19
- トータル・サービスの提供がカギ　20
- 競争型組織と協調型組織　22

v

関連理論の解説1-1　カタチの重要性……………………………24
- 管理会計には管理会計のカタチがある　24
- 人は見えているもので判断する　25
- 掛け時計を掛けろ　26
- 人は採点基準通りに行動する　27
- 会計基準も採点基準　28
- 100回口にする大義名分よりも1つの正しい採点基準　28

関連理論の解説1-2　バランスト・スコアカード…………31
- 普段の仕事の目線に落とし込む　31
- 「4つの視点」はなぜこの4つか　32
- 失敗パターン①：整合性の欠如　35
- 失敗パターン②：絞り込みの欠如　36
- KPIは定量的であれ　37
- 成果尺度とパフォーマンス・ドライバ　39
- パフォーマンス・ドライバの設定にはジャンプが必要　39
- 独自のストーリーと感度分析が競争力につながる　40
- 戦略マップ　42

関連理論の解説1-3　事業部間取引……………………………44
- 事業部制と内部取引価格　44
- 部品Xに市価が存在する場合　45
- 市価が存在しない場合　46
- 安易な内部取引価格は競争力を奪う　48
- あくまでもバーチャルであることを心得よ　49
- 競争型か協調型か　49

目次

第2章　管理単位の細分化と非細分化

CASE4　JALの復活を支えた管理会計
　　　　　―アメーバ経営の導入― ……………………………………… 52
　　　　JAL復活の理由は「管理会計」　52
　　　　アメーバ経営とは　53
　　　　「時間当たり採算」に見られるシンプル・マネジメント　54
　　　　尖閣問題での象徴的な出来事　55
　　　　JALにおけるアメーバ経営の真髄　56
　　　　勝手にコストが下がっていく　57

CASE5　京セラ アメーバ経営の本質
　　　　　―顧客価値志向，自律，それを支えるフィロソフィー― … 59
　　　　アメーバ経営のリスクは本当にリスクか　59
　　　　アメーバ経営の本質は「顧客志向」　60
　　　　時間当たり採算から見て取れる「価値志向」　61
　　　　「自律」がなければ成り立たない　62
　　　　すべてを支えるフィロソフィの存在　63
　　　　魂なきアメーバ経営はうまくいかない　64

CASE6　グーグルの"生態系モデル"
　　　　　―管理単位を細分化しないからこその強さ― …………… 66
　　　　グーグルの事業内容　66
　　　　売上の95％は広告事業　68
　　　　細分化して損益を管理しない　69
　　　　"生態系モデル"から得られる示唆　71

CASE7　なぜウォークマンはiPodに敗れたか
　　　　　―大企業になったソニーと生態系のアップル― ………… 73
　　　　デジタルハブ戦略から生まれたiPod　73

vii

　　　　音楽業界を説き伏せる　74
　　　　社内がバラバラのソニー　75
　　　　消費者はモノではなくコトを求めている　76
　　　　損益計算書は1つだけ　77

関連理論の解説2-1　配賦について考える　……………　81
　　　　ケース1：内製・外注の意思決定　81
　　　　ケース2：共有コピー機の費用負担　83
　　　　ケース3：部門別損益管理　84
　　　　配賦に潜む落とし穴　86
　　　　配賦を無批判に受け入れるのは危険　87

関連理論の解説2-2　ABC（Activity Based Costing）…　88
　　　　従来の配賦計算　88
　　　　従来の方法はドンブリ計算　89
　　　　間接費をまとめず，個々に配賦基準を選択　90
　　　　ABCによる計算　91
　　　　なぜここまで違ったのか　92
　　　　ABMでさらにコスト削減　94

関連理論の解説2-3　ABCは間接費配賦の決定打か？　…　95
　　　　コスト・ドライバの測定が大変　95
　　　　全コスト集計の呪縛　96
　　　　すべて黒字である必要はない　96
　　　　ABCにおける「正しいコスト」　98
　　　　配賦は政策的であって構わない　99

関連理論の解説2-4
「いかに配賦するか」よりも「何を配賦するか」……………　102
　　　　部門別損益管理　102
　　　　予算超過額を分離する　103

本当の問題の所在はどこだ　104
　　　逆の流れの"負担金方式"　105
　　　本社費の妥当額を定めているのと同じ　106

第3章　コスト・マネジメント

CASE 8　日本航空はなぜ破綻したか
　　―変動費中心型と固定費中心型― 110
　　　変動費と固定費のどちらが支配的か　110
　　　売上高が増加する局面での特徴　111
　　　売上高が減少する局面での特徴　112
　　　ローリスク・ローリターン vs. ハイリスク・ハイリターン　113
　　　日本航空はなぜ破綻したか　114
　　　日本航空からの教訓　115

CASE 9　サウスウェスト航空の強み
　　―固定費マネジメントのポイント― 117
　　　2つの固定費　117
　　　サウスウェスト航空はなぜ低コストか　118

CASE 10　トヨタの後悔から学ぶ教訓
　　―管理すべきは稼働率― 122
　　　リーマンショック後のトヨタ　122

CASE 11　「忙しい」が口癖の営業マン
　　―活動分析によるコスト削減― 126
　　　商談に費やす時間はわずか16％　126
　　　非付加価値活動削減の打ち手　128
　　　0.9人は削減できない　129
　　　生産性が低い原因はスキル不足　130

ix

　　　　練習しないことはできない　131

関連理論の解説3-1　CVP分析と損益分岐点 ･･････････ 133
　　　　利益を出すために必要な個数　133
　　　　損益分岐点の公式　135
　　　　変数は場合によって使い分ける　136
　　　　売れ残りは想定していない　138

関連理論の解説3-2　安全余裕率 ･････････････････････ 140
　　　　安全余裕率の式の意味　140
　　　　実務上の意味　142
　　　　なぜ変動を考慮するのか　145
　　　　予算管理に活かす　146

関連理論の解説3-3　形骸化している予算管理 ･･･････ 148
　　　　予算管理は予算編成と予算統制から成る　148
　　　　予算編成も形骸化している　149
　　　　管理できるものだけを管理させる　149
　　　　費用を管理可能性で分ける　151
　　　　脱予算経営という考え方　152
　　　　目標が固定的であることも問題　153
　　　　組み合わせるのが現実的　154

第4章　合理性を超えた先にある競争力

CASE 12　サムスン電子の強さの秘密
　　　　―経済合理性の罠― ････････････････････････････ 156
　　　　好調続くサムスン電子と苦戦する国内メーカ　156
　　　　巨額投資を続けるサムスン電子　159
　　　　経済合理性が邪魔をする　160

サムスン電子はなぜ常識破りなのか　161
経済合理性の罠に陥るサラリーマン　162

CASE 13　相次ぎ破格の買収を仕掛けるソフトバンク
　　　―合理性を踏まえて合理性を超える― ………… 164
ソフトバンクの業績を加速する2つの買収　164
合理性の先にあるイノベーション　166
合理性を超えることと無謀は違う　168

関連理論の解説 4-1　投資を利益で評価できるか ………… 171
利益で見るとどうなるか　171
利益は事実の断片　173
利益は平均的情報　174

関連理論の解説 4-2　リスクがとりにくい NPV 法 ……… 176
平均値発想からダイナミックな発想へ　176
合理的ゆえにリスクがとれない　178
だからベンチャー・キャピタルは成功しない　179
ポートフォリオで考えるべき　180

第5章　会計は誰のためにあるか

CASE 14　押し売りと化す顧客維持型マーケティング
　　　―顧客価値は本当に顧客にとっての価値か― ………… 184
花屋さんの売上を増やす2つのアプローチ　184
陳腐化する手段　186
押し売り化する顧客維持型マーケティング　187
IT のツールになり下がった CRM　188
「顧客価値」は本当に「顧客の価値」か　189

CASE 15 株主重視は本当か
― "人件費前利益" という考え方 ― 191
- 従業員満足度が最優先のサウスウェスト航空　191
- 従業員満足度は生産性も高める　192
- ポスト資本主義という考え方　193
- 財務会計のカタチでは人は報われない　194
- 「人件費前利益」という考え方　196

関連理論の解説 5−1　顧客志向の管理会計 199
- なぜ製品・サービス別に利益を管理するのか　199
- 利益の源泉は何か　200
- 20 対 80 の法則　201
- 顧客別に損益を管理　203
- 顧客別コストをどう把握するか　205

第6章　会計業務のあり方

CASE 16 月次決算と年次決算の擦り合わせに丸3日
― "財管一致" は必要か ― 208
- 月次決算と本決算が合わない　208
- "財管一致" のウソとホント　209
- 常に財管一致はあり得ない　210
- 財管不一致が問題となる場合　212
- "管財組替" があるべき姿　213

CASE 17 世界でただ1つの会計センターを実現したオラクル
―IFRS が加速する経理業務のオフショア化― 215
- グローバル企業オラクルの課題　215
- シングル・インスタンスをインドに　216
- 大幅なコスト削減と決算早期化　217

　　　　GSI 実現の3つのカギ　218
　　　　管理会計の比重を増すために　219
　　　　IFRS ＋ XBRL ＋クラウド＝財務会計業務のオフショア化　220

CASE 18　経理部の廃止を宣言した社長の真意
―これからの経理部門の役割― …………………………… 222
　　　　会計に対するトップの本音　222
　　　　管理会計の担い手たれ　223
　　　　スマイルカーブ化する会計業務　225
　　　　"作業"からの解放と人材教育がカギ　227

関連理論の解説 6-1　IFRS 時代の管理会計 ……………… 229
　　　　IFRS になったら経営は大混乱？　229
　　　　グローバル・マネジメントの共通言語としての意義　230
　　　　自社の価値観にもとづく管理会計のカタチを　230
　　　　ルールはグローバルでもやり方はローカルでいい　232
　　　　見えなくなったものを補う　233
　　　　新たに見えるようになるものを活かす　233
　　　　VBM などの手法の活用も　234

索　　引　237

第 1 章

業績評価指標と組織のあり方

CASE 1 長年赤字だった企業が1年で黒字に
―管理単位の最小化とBSC的業績評価の成功例―

黒字化が課題のコンサルティング会社

　筆者がかつて在籍していたプライスウォーターハウスコンサルタント（その後，プライスウォーターハウスクーパースコンサルタントを経て，現IBM）は，世界的な巨大コンサルティング会社の日本支社という位置づけでした。

　当時，世界的には1，2位を争う規模と業績を誇るコンサルティング会社でしたが，筆者が転職して入社した1996年当時の日本法人は約250人の小規模の会社で，赤字続きの会社でした。当時の少なくとも短期的な最重要課題は，安定的に黒字を確保することでした。

　そんな中，筆者の入社とほぼ時を同じくして新たな社長が就任しました。日本IBMに入社後，米国IBMで副社長まで務めた倉重英樹氏です。

　物語の結末を最初にいうと，長年赤字続きだったこの会社を，倉重氏はたった1年で黒字化しました。そこにはいくつかのポイントがあり，管理会計的にも重要なポイントが含まれています。

まず組織に手を付ける

　多くの監査法人や外資系コンサルティング会社同様，倉重氏が社長に就任する以前のプライスウォーターハウスコンサルタント（以下，PWC）はパートナー制をとっていました。パートナー制というのは，出資者と経営者が一致している組織形態です。出資と経営の一致という特殊性を除け

ば，多くの会社に典型的に見られる組織と基本的には同じです。すなわち，パートナー（役員に相当）を頂点として，数十人単位の組織がいくつかあるという組織形態です。

　倉重氏がまずやったことはこの伝統的な組織の大改革です。既存の組織をすべて解体し，代わりにチーム制を導入しました。チーム制というのは，全コンサルタントをたかだか10人前後の小さなチームに分け，そのチームを"企業内企業"のようにする組織形態です。

　企業内企業ですから，それぞれのチームには明確な利益責任が課されました。同時に，独立性も明確にするために，大幅な権限委譲も行われました。具体的には，仕事の依頼を受けるかどうかは100％各チームの自由です。たとえ社長からの紹介案件であっても断ることができます。その代わり，利益が出なければそれも100％チームの責任です。

　このチーム制のルーツは，倉重氏の米国IBM時代における経験にあったようです。IBMのオースチン工場などでは，顧客ごとのチーム編成を行い，顧客の満足度がチームの収入になり，チームの収入がメンバーの収入に直結するシステムを取り入れていました。それによって，顧客，従業員，工場全体の三者すべてのパフォーマンス向上の大きなメリットがありました。

　これは，いわゆるプロジェクト・チーム制です。チームは固定的なものではなく，その都度組成される流動的なものです。

　倉重氏がPWCに導入したチーム制の原点はこのプロジェクト・チーム制にありましたが，PWCに導入する際に大きく変更した点があります。それは，チームを固定的な組織にしたことです。

　プロジェクトごとに組成しては解散するプロジェクト・チームではプロジェクトという短期的な成果が最優先されますから，プロジェクト・リーダーはすでに出来上がっている優秀な人間ばかりをチームに集めたがります。そのような環境では，優秀な人はどんどん経験を積んでますます優秀になっていきますが，優秀でない人はどのプロジェクトからも声がかから

3

なくなり，最終的には会社に居場所がなくなってしまいます。これがよくいわれるところの"up or out"（昇進するか，さもなくば退社）の世界です。

このようなやり方は，プロジェクトという短期的な成果は出せるかもしれませんが，企業という組織全体の長期的な成長にとっては必ずしも望ましくありません。人が育たず，人材も定着しないため，組織力が上がらないからです。

それを懸念して，倉重氏は固定的なチーム制にしました。人材の育成も含めてチームで成果を出すことを図ったのです。

ペイナウと業績重視の評価システム

組織変更とともに行ったのは，給与システムの大胆な変更でした。

それまでのPWCは，本給に各種手当や残業代が加算される月給に加えて年2回のボーナスという，多くの日本企業に見られるごく一般的な給与システムを採用していました。ベースにあるのも年功制でした。

それを年俸制に変更するとともに，ボーナスが業績に応じて大胆に変動する給与システムとしました。

年俸制に変更したのは，年齢に関係なく，今の業績がダイレクトかつタイムリーに給与に反映される仕組みとするためです。倉重氏はそれを「ペイナウ」といっています。

年功制は一概に否定されるものではありません。たとえば，熟練した技術を長期にわたって社内に確保したり，従業員の帰属意識を高めることによる労使関係の安定化やそれに伴う人件費の抑制などの面では一定の意義があります。

しかし，赤字続きで沈滞ムード漂う企業においては，安定よりも活気，守りよりも攻める姿勢の方が重要です。また，ペイナウによって従業員の当事者意識も自然と高まります。当時のPWCは従業員の平均年齢は約30歳と若い組織であったことに加え，元々血気盛んなタイプが多いコン

サルティング会社には，ペイナウは非常にうまく機能しました。

5つの指標で大胆にボーナスが増減

　年俸制といっても，PWCに導入された年俸制は固定的な年俸制ではありませんでした。

　毎年の人事考課にもとづき「年俸基準額」が決まります。年俸基準額の70％は固定的で，それを12等分したものが月額給与として支給されます。

　残りの30％はチームと個人の業績に連動する業績給であり，年2回のボーナスとして支給されます。

　ここでいう「業績」は，5つの指標によって測定されました。5つの指標とは，売上高，利益，顧客満足度，ステアリング・コミッティの頻度，研修時間です。

　売上高と利益は，それぞれチームの売上高と利益の予算に対する達成率です。

　顧客満足度は，プロジェクトごとにクライアントに対して実施する顧客満足度調査の結果を定量化したものです。

　ステアリング・コミッティというのは，プロジェクト中にクライアントのキーパーソンと行う最高位の会議体のことです。それをクライアントの役員を交えて月1回以上実施し，エビデンスとして議事録を提出することが課されました。

　研修時間は，各コンサルタントに課された年間研修時間です。確か年間100時間が課されていたと記憶しています。

　これら5つの評価指標のうち，最後の研修時間だけは個人に関する指標ですが，それ以外の4つはすべてチームに関する指標です。成果主義ではともすると「自分さえよければ」という個人プレーに走りがちなところがありますが，チームで成果を出さなければならない仕組みになっていました。

ポイントは管理単位の細分化と利益責任の明確化

　このような組織と業績評価の仕組みによって，「利益は自分たちの力で稼ぎ出すしかない」という危機感が嫌でも植えつけられました。一方で，利益目標を上回れば，驚くほどのボーナスも夢ではないのです。実際，筆者はこの仕組みの下で基準額の3倍のボーナスを手にしたことがあります。当時，一度にもらう金額としては驚くような金額が通帳に記載されたことを覚えています。

　そういう経験をすると人は目の色が変わります。利益に対する当事者意識は自然と強くなり，各チームとも必死に利益を出そうと頑張りました。その結果，倉重社長就任1年目にして，長年赤字だった会社は黒字化を成し遂げたのです。

　この成功ストーリーにおける管理会計上の第1のポイントは，管理単位を可能なかぎり細分化し，それぞれに明確な利益責任を課したことです。

　組織をチームという小さな管理単位に分け，それぞれの利益責任を明確にする。そして，利益責任が果たされることをより確実にするために，成果主義にもとづく業績評価システムにする。そうすれば，各チームが黒字化する可能性はかなり高くなります。各チームが黒字化すれば，黒字の足し算は必ず黒字になります。かくして，会社全体が黒字化するわけです。

　事業部制やカンパニー制などの仕組みも基本的には管理単位の細分化と利益責任の明確化を狙った企業内企業の仕組みですが，チーム制との決定的な違いは管理単位の大きさです。管理単位がチームというきわめて小さな組織になり，その業績が自らの収入に直結する仕組みになったことによって，すべての従業員が会社の利益を自分のこととして考えるようになったのです。それまでは，危機的な会社の状況は所詮は他人事であり，会社の財布を自分の財布のようには考えられなかったわけです。

業績評価指標の重要性

　管理会計上のもう1つのポイントは業績評価指標（Key Performance Indicator：KPI）です。

　人は採点基準通りに行動します。ですから，いくら戦略や組織形態が優れていても，業績評価指標があるべき行動のベクトルと一致していなければ，戦略は実行されません。絵に描いた餅で終わります。

　本ケースでは，まず，最重要経営課題である利益を個人のボーナスに明確にリンクさせています。従来の典型的日本型給与システムにはそのような仕組みはありませんでしたから，これだけでも当事者意識をもたせる効果絶大です。

　ただ，これだけだと手段を選ばず目先の利益を追求するような行動につながりかねません。そこで意味をもつのが残りの4つの指標です。顧客満足度は利益の源泉は顧客であることを意識させ，ステアリング・コミッティはコンサルティングの品質管理に寄与します。また，クライアントの役員とのリレーションを密にする営業上の意義もあります。研修時間は，コンサルティング会社の商品そのものであるコンサルタントの能力開発のためのものです。

　それぞれの指標が単に売上や利益という財務的結果の追求だけではなく，コンサルティング会社にとってあるべき方向に各人の行動をドライブする指標になっています。

　評価指標が5つだけなのも注目に値します。シンプルにしたことによって，指標に込めたトップのメッセージがかえってクリアに各従業員に伝わっています。

　実は，これらの評価指標はバランスト・スコアカードの考え方に見事なまでに整合しています。すなわち，売上高と利益は財務の視点，顧客満足度は顧客の視点，ステアリング・コミッティは業務プロセスの視点，研修時間は学習と成長の視点に対応しているのです。筆者の知るかぎり，著書

も含めて倉重氏から「バランスト・スコアカード」という言葉を見聞きしたことはありませんので，おそらく熟考の末に厳選された指標がバランスト・スコアカードの考え方に一致したのだと思います。

成功ストーリーの前提条件

　本ケースは，管理単位の細分化と利益責任の明確化，その実効性を担保するための業績連動型の業績評価指標が非常にうまくいったケースといえます。

　ただ，本ケースが成功例となったのは，ほぼすべてがコンサルタントという単一職種であるということや，平均年齢が若く数年で転職していくことが普通の就業環境であることなどが前提条件になっている面があります。シンプルかつ統一的な評価指標は単一職種でなければ事実上不可能ですし，ここまで強烈な成果主義は普通の会社ではまず無理だからです。

　そのような前提条件は付くものの，本ケースから得られる示唆は少なくないと思います。

【参考文献】
倉重英樹『企業大改造への決断―経営コンサルティング会社が自社に振るった大ナタ！―』ダイヤモンド社，1996年。

CASE 2 マトリクス組織で売上増大

―クライアント志向の組織と売上の二重計上がカギ―

　ケース1でご紹介したケースは，組織の細分化と利益責任の明確化によって，早期に黒字化を達成した例でした。その後，安定的に利益が出るようになり人も急速に増えてくると，次なる経営課題は売上規模の拡大になりました。

　そのとき行われたことは，やはり組織の大幅な変更と業績評価方法の見直しでした。

売上増加の打ち手

　筆者が在籍していたPWCは，チーム制によって見事に長年の赤字から脱却しました。危機を脱した会社が次に考えたことは成長戦略です。

　コンサルティングというビジネスは，「1人月いくら」といういわゆる"人工（にんく）ビジネス"です。したがって，売上を増やすための打ち手は人を増やすことです。

　実際，PWCは急激に従業員を増やしました。筆者が入社した当初は250人程度でしたが，その後積極的な採用を繰り返し，筆者の入社後3年目には1,000人を超え，丸4年在籍して辞める頃には1,200名程度になりました。

　これだけ急激に人数が増えるとサービスの質が低下するという弊害が目に付くようになりますが，少なくとも短期的には売上は増加しました。

　しかし，チーム制のままで人を増やすだけでは，小さなチームがたくさんできるだけです。売上は人数の増加に従って比例的にしか増加しません

し，固定費も増えるためリスクが高まります。したがって，人を増やすという単純な打ち手にだけ頼るわけにはいきません。

考えるべきことは，従業員数を一定規模以上には増やさずにいかに売上を増やすかということです。そのための打ち手として考えられるのは，次の2つでしょう。

・1つのプロジェクトの規模を大きくする
・コンサルタントの稼働率を上げる

1つ1つのプロジェクトの規模が大きくなれば，クライアントとの契約金額が大きくなりますから売上増加に貢献します。プロジェクトの規模を大きくするためには，単発の仕事で終わらせず，クライアントの複合的な課題を包括的に扱うことが重要です。そうすれば，必ずしも人を増やさなくてもプロジェクト規模を大きくできます。

2点目のコンサルタントの稼働率ですが，コンサルティングビジネスにおける売上高はコンサルタントの人数とその稼働率の掛け算で決まります。したがって，いくらコンサルタントの数が多くても，有償のプロジェクトに関与している状態が多くなければ売上は増えません。逆に，稼働率を高める余地があれば，コンサルタントの数を増やさなくても売上を増やすことができます。

チーム制では難しい

ところが，チーム制の下では，これら2つの打ち手はいずれも難しいのです。

クライアントの複合的な課題を包括的に扱うためには，戦略，マーケティング，会計，ITなどの複数の専門家が必要です。しかし，小さなチームには必ずしも十分な数の専門家は揃っていません。適当なコンサルタント

が自分のチームにいない場合は，他のチームから必要なコンサルタントを借りる必要がでてきます。

　チーム制の下では，1つのプロジェクトに複数のチームが関与した場合，関与したチーム間で売上を按分することになっていました。これでは，せっかく取ってきた仕事なのに，自分のチームの売上を削って，社内で競い合っている他のチームに売上を分け与えるようなものです。それでは業績評価上意味がありません。結果的に，他のチームなどかかわらせずに自分のチームだけで完結できる小ぢんまりしたプロジェクトに終始するようになるのです。

　2点目のコンサルタントの稼働率ですが，いくら忙しいといってもコンサルタント全員が忙しいということはまずありません。会社全体を見渡せば忙しいコンサルタントとそうでないコンサルタントがいるのが普通です。忙しさは組織内に偏在しているのです。

　チーム制によってコンサルタントの所属が固定化されていると，他のチームにいくら暇なコンサルタントがいても，その人を柔軟にプロジェクトに投入することができません。

　その結果，局所的に見れば「忙しい，忙しい」という声が聞こえてくる一方で，会社全体で見れば稼働率は必ずしも高くないということが起こってしまうのです。

マトリクス組織へ

　そこで，PWCはチーム制を廃止しました。チーム制に代わって採用したのは，業種別の組織とサービス別の組織から成るマトリクス組織です（図表1-1）。

　業種別の組織は，製造業，流通業，通信業，金融業などに分かれた組織です。この組織のミッションは，特定のクライアントごとに課題を見極め，必要なプロジェクトを"プロデュース"することです。

　包括的なプロジェクトとは，戦略立案から始まって，業務プロセスの変

革，組織の変革，ITの導入などです。

　プロジェクトをプロデュースする業種別の組織は，一般企業における営業職のようなものともいえますが，クライアントの課題を総合的に診断してプロジェクト全体をデザインするという点でインダストリー・コンサルタントといえます。

　インダストリー・コンサルタントは，プロジェクトをプロデュースする役割を果たすために，担当する業種を徹底的に研究し，どこに経営課題があるかを常に考えることが求められました。また，特定のクライアントに関してすべてのプロジェクトの開始から終了まで責任をもつアカウント・マネージャという役割も担いました。

　一方，サービス別の組織とは，戦略，組織，マーケティング，販売，会計，物流，ITなどの専門分野に分かれた組織です。サービス別組織のミッションは，専門的なコンサルティング・サービスを提供することですから，そこに属するコンサルタントは専門コンサルタントといえます。製造業における製造部門に相当するといっていいでしょう。

　専門コンサルタントはそれぞれの組織に属していますが，インダストリー・コンサルタントは，プロデュースしたプロジェクトに対して専門コンサルタントを自由にアサインすることができるようにしました。インダストリー・コンサルタントから見れば，専門コンサルタントたちはいわば"リソース・プール"という位置づけです。

　そして，すべてに優先する組織は，クライアントの課題解決のために組成されたプロジェクト・チームであることが徹底されました。すべてのコンサルタントは業種別かサービス別かのいずれかの組織に属してはいますが，それらは本籍地みたいなものであまり大きな意味をもちません。意味をもつのは現住所であるプロジェクト・チームです。

　このような仕組みによって，先ほどあげた2つの課題を解決することができました。すなわち，1つの固定的なチームでは難しい包括的なプロジェクトを数多く扱えるようになり，1つ1つのプロジェクト規模を大きくす

ることができました。また，チームという細分化された組織に散在していたコンサルタントをプール化することによって，忙しいコンサルタントの偏在を少なくし，会社全体の稼働率を高めることができました。

顧客志向の組織

　新しい組織のポイントは，一般企業の営業職に相当するインダストリー・コンサルタントが業種別に分けられている点です。

　一般に，組織は製品・サービス別に分けられている場合が多いと思います。そのため，セグメント別の損益管理も必然的に製品・サービス別になっているケースがほとんどです。

　しかし，利益の源泉は顧客です。作れば売れた古き良き時代は製品・サービスが利益の源泉だったかもしれませんが，すっかり豊かになり物があふれている先進国においては，利益の源泉は顧客だと考えるべきでしょう。

　そうだとするならば，少なくとも営業系の組織は業種別の方が理に適っています。なぜならば，営業職は自社の製品やサービスに関心をもつ以前に，利益の源泉である顧客のニーズや課題に関心をもつべきだからです。

　企業によっては，業種別からさらに踏み込んで，顧客別に組織を分けているところもあります。たとえば，大手のSI（System Integration）ベンダーの中には特定企業名を組織名に付しているところがあります。SIベンダーが提供しているものはITですが，顧客が求めていることは自社の何らかの課題の解決です。ITはその手段の1つに過ぎません。IT系企業はITが好きな人が集まる会社かもしれませんが，ITという技術に精通することに負けず劣らず，顧客の業務に精通することが重要ということです。

画竜点睛の管理会計のカタチ

　マトリクス組織によって仕事の仕方は大きく変わりましたが，これだけ

では人は動きません。この体制の下で，あるべき行動につながる管理会計のカタチを作らなければなりません。

そこで，業績評価上，プロジェクトに関与したインダストリー・コンサルタントと専門コンサルタントのそれぞれの所属組織に，売上高を二重計上するようにしました。

たとえば，業種別コンサルティング部門である製造業部門のインダストリー・コンサルタントが，クライアントである製造業Ｘ社の営業業務を効率化し，それを支援するためのIT戦略を立案するというプロジェクトをプロデュースしたとします。このプロジェクトを遂行するために，インダストリー・コンサルタントはサービス別部門である営業専門部門から2人，IT専門部門から3人の専門コンサルタントを選び，自身を含めて合計6人のプロジェクト・チームを作ったとします（図表1-1）。

話を簡単にするために，対外的なコンサルタントの報酬額は1人月100万円としましょう。クライアントに対する請求額は1月当たり100万円×6人＝600万円です。

このとき，製造業部門には600万円全額が売上として計上されます。一方，サービス別組織である営業専門部門には100万円×2人＝200万円，IT専門部門には100万円×3人＝300万円の売上がそれぞれ計上されるようにしました。部門別の売上を単純合算すると1,100万円になりますから，サービス別組織に計上された200万円と300万円が二重計上になっています。

このようになっていれば，他の組織を関与させることによる不利益はまったく発生しませんから，複数組織が協力しやすくなります。さらに，業種別組織には自部門だけでは到底達成し得ない大きな売上目標が課せられましたので，業種別組織は積極的にサービス別組織を巻き込んだプロジェクトをプロデュースしようとしました。

業績評価指標とあるべき行動のベクトルが一致しているために，戦略と整合的な行動を人々が自発的にとった好例といえます。

図表 1-1　売上計上の仕組み

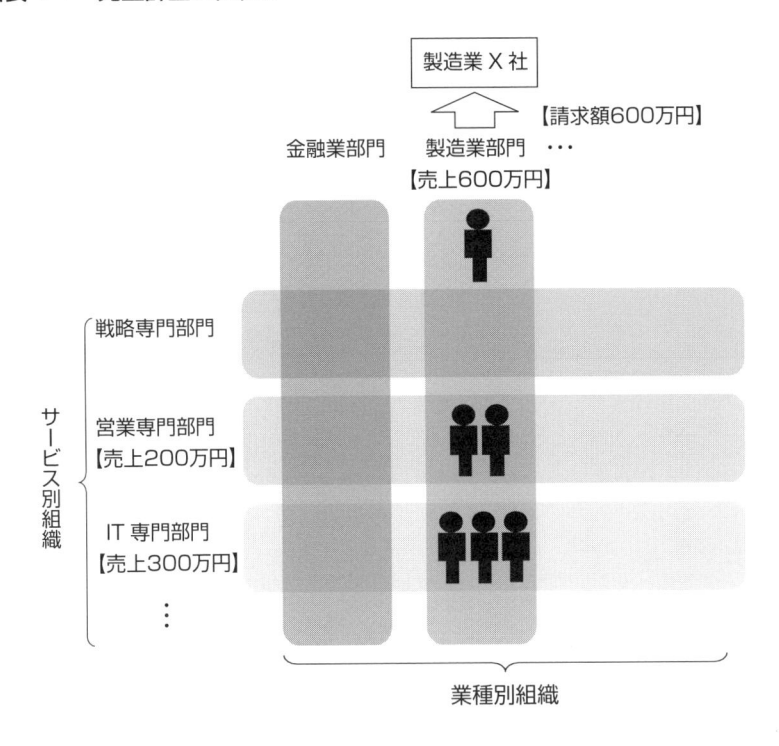

```
                          ┌─────────┐
                          │製造業 X 社│
                          └─────────┘
                               ↑
              金融業部門    製造業部門  …  【請求額600万円】
                                           【売上600万円】
     ┌  戦略専門部門
     │
サ   │  営業専門部門
ー   ┤  【売上200万円】
ビ   │
ス   │  IT 専門部門
別   │  【売上300万円】
組   │     ⋮
織   └
                          業種別組織
```

財務会計と常に一致している必要はない

　売上の二重計上について，「売上の架空計上じゃないか」という人がいます。確かに，財務会計上は当然認められない処理です。

　しかし，たとえ制度的に許されなくても，人々の行動をあるべき方向にドライブするならば，管理会計としてはそういう仕組みを優先させるべきです。なぜならば，管理会計はマネジメントのための会計だからです。人の行動のマネジメントに役立たなければ，「マネジメントのための会計」などおこがましい話です。

　必要なときに管理会計から財務会計に組み替えることができれば，それで十分なのです。

CASE 3 商社系SIベンダーの失敗

―競争型組織と協調型組織―

　本ケースでは，売上規模の拡大が課題であったにもかかわらず，なかなかそれができなかったSIベンダーのケースを取り上げます。
　このSIベンダーは商社系でした。すべての理由とはいいませんが，商社系であったことがうまくいかなかった1つの遠因になっているのではないかと考えられるケースです。

SIビジネスの特性

　SIはシステム・インテグレーション（System Integration）の略です。システム・インテグレーションというビジネスは，顧客企業の求めに応じて，会計システムや顧客管理システムなどのITシステムを構築し，導入することを生業とするビジネスです。
　大手のSIベンダーになると，単にシステムを構築するだけにとどまらず，どのようなシステムをどのような順序で導入すべきかを考えるIT戦略や，構築したシステムの運用を請け負うようなビジネスまで幅広く行うことが主流となっています。データセンターを建設し，そこでハードウェアを預かったり貸し出したりしているベンダーもあります。
　すなわちSIベンダーのビジネスは，基幹システム（Enterprise Resource Planning：ERP），顧客管理システム（Customer Relationship Management：CRM），データウェアハウス（Data WareHouse：DWH）などのいろいろな「システム領域」に対して，IT戦略から保守・運用にまで至る複数の「サービス」を提供するビジネスといえます。

さらに、これに顧客企業の業種特性が加わります。たとえば会計システムといっても、業種によって売上計上基準はさまざまです。在庫管理上の特殊性もあるでしょう。輸出入が多い企業であれば複雑な外貨建処理が求められるでしょうし、金融業の場合は高度なデリバティブの処理も必要になります。

このように、SIビジネスは、業種×システム領域×サービスという3つの軸で捉えることができます（図表1-2）。以下、この見方を前提に、ある商社系SIベンダーのケースを見ていきましょう。

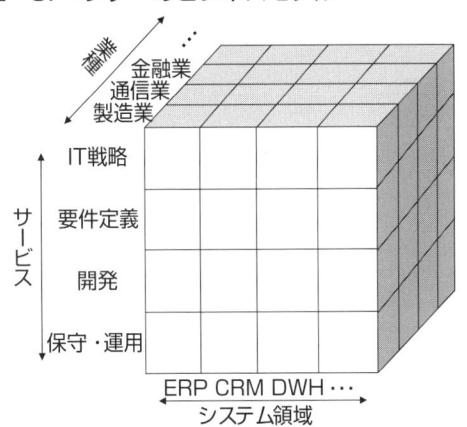

図表1-2　SIベンダーのビジネスモデル

売上増大が課題のSIベンダー

ある商社系グループ企業の一員であるSIベンダーは図表1-3のような事業部制をとっていました。事業部は業種別を基本としつつ、保守・運用やデータセンターというサービスの切り口が混在する形で分けられていました。

業種別を基本とする事業部といっても、網羅的に主要な業種をカバーしようとしているわけではありません。商社グループとの関係などから、たまたま恒常的に仕事をすることになった業種を事業部としてきたというのが実態です。

図表 1-3　SI ベンダーの事業部制度

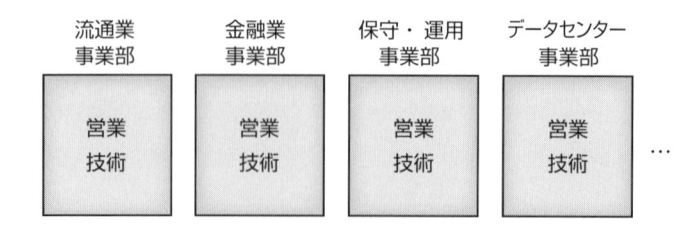

流通業 事業部	金融業 事業部	保守・運用 事業部	データセンター 事業部	
営業 技術	営業 技術	営業 技術	営業 技術	…

　たとえば，流通業事業部はあるものの製造業事業部は存在していませんでした。確かに，製造業は流通業や小売業とは相当異なる業種です。会計システムには原価計算が付きものですし，その原価計算も生産管理の理解が不可欠です。役員の中には「ウチは製造業はできない。リスクも高いから手を出すな」という者もいました。このような発言も相まって，製造業の根幹にかかわる大きな案件をやろうとする者は誰もいませんでした。

　一方，商社系であることもあって流通業に関しては経験が多く，中でもERPの導入経験が豊富でした。そのため，流通業事業部にはERPを得意とする技術者が集中していました。

　ただ，この体制は一方では全社的に見れば売上増加を阻む一因となっていました。

　たとえば，金融業事業部でERPの引き合いがあったとします。しかし，ほとんどのERP技術者は流通業事業部に集中しているため，金融業事業部には十分なERP技術者がいません。金融業事業部がこの案件を受けるためには，流通業事業部をはじめ他の事業部からERP技術者を借りなければなりません。しかし，技術者の貸し借りに伴う社内手続きの煩わしさや社内売買に伴う利益の圧迫を嫌気して，そのようなことは敬遠されていました。

　かくして，せっかくの受注機会を失い，組織全体の稼働率も上がらず，売上増加にはマイナスに作用していました。

　また，保守・運用事業部も，事業部である以上，自分たちで何とか業績

を上げようとしていました。しかし，それには無理があります。なぜならば，これらはシステム・ライフサイクルの下流に位置するサービスだからです。保守・運用のような下流に位置するサービスは，上流に位置するシステム構築というサービスがあって初めて「保守・運用もお任せください」となるのが普通です。保守・運用事業部が単独で業績を考えてもあまり意味がありません。

　それでも，事業部にされて独立採算制だといわれれば，単独で稼ぐことを考えざるを得ませんでした。

安直な事業部制が問題

　この会社の問題は，安直に事業部制を採用していたことにあると思います。

　「安直」といったのには2つの意味があります。

　まず，経営課題との整合性を考えていないことです。

　事業部制の本質は管理単位の細分化と利益責任の明確化です。この形態は，安定的な利益の確保が経営課題の場合によくマッチします。なぜならば，管理単位ごとの利益が黒字化しやすく，黒字の足し算は黒字になるからです。

　しかし，売上規模の増大が経営課題の場合にはあまりうまく機能しません。特に，人などのリソースを増やさずに売上を増やしたいときには足かせになることの方が多くなります。なぜならば，組織全体の稼働率を上げるのが容易ではないからです。稼働率を上げるためには，組織間の協調が重要なカギになりますが，独立採算制の下ではなかなか協調できないのです。

　実際，この会社でも事業部間での技術者の貸し借りは，社内手続きの煩わしさと社内売買に伴う利益の圧迫が懸念されて，敬遠されています。

　「安直」といったもう1つの理由は，事業部の切り口に戦略性がないことです。

業種別を基本とする事業部制である点は，顧客の方を向いた切り口になっているという点で一定の評価はできます。もし，人的リソースが十分にあって，少々遊んでいる人がいても許容できるだけの余裕がある会社であれば，業種別の事業部制でも機能すると思います。
　しかし，この会社は今までの経緯で自然発生的に事業部を作ってきた面があります。そこには，戦略的に業種を網羅しようという意図は感じられません。
　たとえば，製造業に対して「ウチには無理だから手を出すな」というような発言まであリますが，これでは自ら商売の範囲を狭めているようなものです。
　順序としては，まず狙うべき業種セグメントを戦略的に定める。その上で，その専属部隊を設置するというのが筋でしょう。専属部隊にその業種の研究をさせれば，新たな業種も開拓できます。誰にとっても初めての分野はあるわけですから，そのような能動的な取り組みなくして新たな経験など積みようがありません。
　保守・運用やデータセンターなどのサービスの切り口が事業部に混在しているのも，戦略性のなさの表れといえます。
　これらの事業は，当社において比較的新しい事業です。乱暴な言い方をすれば，「新しい事業だから，新しい事業部として管理しよう」というぐらいの感覚で事業部になったと思われます。
　本来，上流のサービスと密接な関係があるこれらのサービスが独立した事業部として位置づけられたため，不必要に仕事がやりにくい形になってしまったように思います。

トータル・サービスの提供がカギ

　人をなるべく増やさずに売上を増やすには，単品売りではなく，トータル・サービスを提供することがカギです。

単品売りとは、たとえば会計システムの構築ならば、それをそのまま請け負ってそれで終わりとすることです。

トータル・サービスを提供するとは、それをいろいろな方向に広げるということです。顧客の直接的な要望が会計システムの構築だったとしても、実は構築後のシステムの保守や運用もお願いしたいと思っているかもしれません。また、潜在的には顧客管理システムやデータウェアハウスなど他のシステムのニーズもあるかもしれません。これらの潜在的ニーズを掘り起こし積極的に提案することができれば、1回の顧客とのコンタクトを複数の方向に広げることができます。1粒で2度も3度も美味しい思いができます。

これを実現するために筆者がこの会社に提案したのは、業種×システム領域×サービスという3つの軸を意識した図表1-4のようなマトリクス型の管理形態です。すなわち、営業系は業種別に分け、技術系はシステム領域に一部サービスの切り口も加味して分けるという案です。これによって、戦略的に多くの業種を攻めることも、トータル・サービスを提供することも、稼働率の偏在をなくすことも可能になり、人を増やさず売上を増やすことが可能になると考えたのです。発想はCASE2のコンサルティング会社のケースと同じです。

図表1-4　マトリクス組織

営業系	流通業			
	金融業			
	製造業			
技術系	ERP	CRM	保守運用	データセンター

競争型組織と協調型組織

しかし、この案は受け入れられませんでした。

このSIベンダーは商社を親会社とするグループの一員でしたので、社長をはじめ、主要な役員はほとんどが親会社である商社からの出向組でした。

それは経営能力という点では商社出身者の方が優れているという考えが根強かったからであり、確かに一般的にはそういえたと思います。問題は、商社とSIのビジネスの根本的違いを理解し切れなかった点にあったように思います。

商社は事業部制やカンパニー制などの独立採算制が向く業種です。実際、多くの商社はそのような形態をとっています。

それは、経営課題がどうこうというよりも、商社の業種特性に理由があります。乱暴な言い方ですが、商社というのは儲かりそうなことには何でも手を出す会社です。ある人は中東で石油を掘り、ある人は海産物を扱い、ある人はアパレルの輸入をし、ある人はITビジネスをし、ある人は金融機関顔負けのディーリングをしている。それが商社という会社です。それぞれの事業間でシナジーはほとんど期待できません。

このような会社の場合、共通の尺度は利益という財務指標ぐらいしかありません。そのため、独立採算制にもとづく事業部制やカンパニー制という形態をとり、お互いがほぼ唯一の共通尺度である利益を競い合うことによって、会社全体の利益が増えていくという形態が非常にうまく機能するのです。いわば"競争型組織"です。

しかし、SIビジネスは違います。お互いの事業がいくつもの方向に密接な関連性をもっています。何より、顧客が真に望んでいることはITを提供してもらうことではなく、何らかの経営課題の解決です。ITはその一手段に過ぎません。であるならば、SIベンダーとしても、サービスを人為的に切り刻むのではなく、トータルなサービスを提供することこそが

顧客の意に沿うことです。ですから，SIビジネスにおいては，組織間の協力を促す"協調型組織"にすることが重要なのです。

　しかし，人はどうしても経験をもとに物事を考えます。事業部制しか経験したことがなく，また，それがうまく機能している組織の経験しかない人にとっては，事業部制以外の発想はもてなかったのかもしれません。ましてや，マトリクス組織など，「指揮命令系統が複雑になる」という教科書的なデメリットしか思い浮かばなかったのかもしれません。

　そのSIベンダーは，結局規模において存在感を出せず，グループ内の再編で他の企業に吸収合併され，実質的に企業の歴史に幕を閉じることになりました。

　本ケースの最大の敗因は，管理形態が業種特性と経営課題に整合していなかったことです。そうなってしまったのは，そのSIベンダーに商社ビジネスでの成功体験のみの経営者しかいなかったことが遠因だったように思います。

関連理論の解説 1－1

カタチの重要性

　管理会計の考え方や計算技法を知ることはそれはそれで非常に重要なことです。しかし，いくら考え方や計算技法を知っていても，それだけでは組織のマネジメントには役に立ちません。管理会計の考え方や計算技法は，それを目に見えるカタチにして初めて組織マネジメントに役立ちます。
　では，なぜカタチがそれほどまでに重要なのでしょうか。

管理会計には管理会計のカタチがある

　企業において管理会計といえば，具体的には予算管理や部門別損益管理をもって「管理会計」と称していることが多いと思います。
　ところで，ほとんどの企業では，財務会計における財務諸表のフォーマットそのままに，予算管理や部門別損益管理を行っているのではないでしょうか。たとえば予算管理でいえば，財務会計の損益計算書のブランクシートを各部門にばらまいて，「はい，上から下まで全部埋めてください」というのが，多くの企業における予算管理の実情ではないかと思います。
　確かに，予算管理や部門別損益管理は代表的な管理会計の具体的手法です。しかし，いくらそのようなことをやっていても，管理目的に合った財務諸表を使わなければ効果が出ません。
　財務会計は，株主や投資家などの外部利害関係者に対して報告するための会計です。それに対して，管理会計は企業内部の経営管理者が日々の経営管理の拠り所とする会計です。管理会計と財務会計は目的が根本的に違うのです。外部報告のための会計のカタチが，そのまま内部の経営管理に

役立つはずがありません。目的が根本的に違う以上，管理会計で使う財務諸表はそれ相応のカタチが必要なのです。

人は見えているもので判断する

なぜ，カタチにこだわるかというと，人は目に見えているもので判断し行動するからです。目に見えていないものを見ることができるのは，見方・考え方を知っているごく限られた人だけです。

たとえば，スピードメータしか付いていないクルマを考えてみてください。もし，そんなクルマがあったとしたら，そこら中でガス欠が起こるはずです。なぜならば，燃料計がないからです。

クルマはガソリンがなくなれば止まってしまうことは誰でも知っています。それでもガス欠になってしまうのは，ガソリンの残量が目に見えていないからです。目に見えていないから，たとえその重要性が分かっていても，意識から消えてしまうのです。

ものすごく頭がよく，注意深く，マメな人であれば，最後に給油したときから今までの平均速度と走行時間を記録していて，それにもとづき今までの走行距離を割り出すかもしれません。走行距離に自分のクルマの平均燃費を掛ければ，消費したガソリンの量が分かります。あとは自分のクルマのガソリン・タンクの容量が分かっていれば，「そろそろ給油の時期だな」ということが分かります。

これが「目に見えていないものを見る」ということです。先ほどもいったとおり，そんなことができるのは，この人のようにごく限られた人だけです。

さらに，このようなごく限られた人にそれが見えたとしても，社会全体のことを考えるとほとんど意味がありません。他の圧倒的多数の普通の人たちには見えていませんから，そこら中でガス欠が起こるはずだからです。そうなると，あちらこちらで止まっているクルマを避けて走らなければな

りませんし，いつ何時，他のクルマが目の前で急に止まってしまうかもしれません。自分だけが見えていても，これでは危なくて運転できません。

掛け時計を掛けろ

　会社でも同じことです。どこかで勉強した人や，本書を真面目に読んでいる人などは，会社の財務データを自分のPCで加工することによって，公には見えていないものから何かを見いだすかもしれません。それ自体はとても素晴らしいことです。しかし，そこで終わってしまったら意味がないのです。限られた特定の人だけに何かが見えていても，周りの人に見えていなければ，組織はうまく動きません。

　気を付けなければならないのは，何かを見いだすことができるちょっと優秀な人は，見えていることである種の優越感を感じるようになることです。時として，それは自分にしか分からない仕事，できない仕事になりますから，組織における自分の存在意義にもなります。

　たとえば，あなただけが腕時計をしていて，他の人は誰も時計をもっていないとしましょう。そうなると，周りの人たちが時間を知りたければ，あなたに聞くしかありません。

　時間を教えられるのはあなたしかいません。聞かれる度に教えていれば，一生懸命仕事をしている気にはなります。あなたにしかできない仕事をしているという，一種の優越感も抱くようになるでしょう。

　しかし，これは本当の仕事ではありません。少なくとも，上に立つ者がやるべき仕事ではありません。

　本当にやるべきことは，皆の目に見えるところに掛け時計を掛けることです。これがカタチにするということです。

人は採点基準通りに行動する

　カタチを考える上で重要なことは，何を見えるようにするかです。何を見えるようにするかとは，何を指標にするかの問題といってもいいでしょう。すなわち，何を業績評価指標（Key Performance Indicator：KPI）にするかということです。これは非常に重要です。

　指標は，一般に人や組織の評価に使われますから，指標はいわば採点基準です。ここに指標の重要性があります。なぜならば，人は採点基準通りに行動するからです。

　それは採点競技系のスポーツを考えてみればすぐ分かることです。たとえば，器械体操やフィギュア・スケートで，選手が高難度の技をやろうとするのは，そういう技はポイントが高いからです。一方で，失敗したときの減点が大きい技は，調子のいいとき以外は避けようとします。そして，採点基準が変われば，選手の演技もガラリと変わります。

　学生時代の試験もそうです。配点が高そうな問題から解こうとします。配点が変われば，解こうとする問題や解く順序も変わるでしょう。

　このように，人は採点基準通りに行動するものです。そして，さらに気を付けなければならないのは，一度採点基準が決まると，本来の良し悪しを超越して行動してしまうということです。

　たとえば，試験の本来の目的は学力を判定することであり，さらにその試験をとおして学力を付けることです。ですから，たとえ配点が低くても，教育的観点からは解くべき問題もあるはずです。ところが，採点基準がそうなっていないと，人はそのようには行動しません。つまり，「本当はこうした方がいいのに」ということがあったとしても，採点基準がそれに合致していないと，人はその行動をとらないのです。それほどまでに，採点基準は人の行動に決定的な影響を与えるのです。

会計基準も採点基準

ビジネスに目を転じてもまったく同じです。

たとえば会計基準。これは，企業に対して制度的な強制力をもつ採点基準そのものです。ですから，会計基準が変わっただけで，事実は何も変わっていないのに，企業行動が劇的に変わることがあります。

会計ビッグバンといわれた2000年前後に制定された退職給付に関する会計基準などはその1例といえます。この基準が制定されるまでは，企業が負う退職給付に係る債務はまったくいい加減な形でしか開示されていませんでしたが，この基準はそれを合理的に算定して開示することを強制しました。

それまでまったくの採点対象外だった退職給付債務が採点対象になったということです。

これによって企業の行動は明確に変わりました。退職金制度を変更したり，場合によっては廃止したりする企業が相次ぎました。企業年金についても，確定給付型から確定拠出型に変更したり，企業年金基金を解散したりする企業が相次ぎました。

会計制度の改正の前後で事実は何も変わっていません。変わったのは会計基準という採点基準だけです。それによって，これだけ企業行動が変わるのです。

100回口にする大義名分よりも1つの正しい採点基準

残業代というのも1つの採点基準です。

残業代を支給することは労働基準法で決まっていますから，一企業の判断でどうにかなるものではありません。また，会社都合で長時間拘束されれば，その対価をもらうのは当然という考えも十分理解できます。

それらを承知であえていえば，残業代を支給するというのは，採点基準

という観点からすれば最悪の採点基準だと思います。

　残業代を支給するということは，少なくとも短期的な経済的報酬は，時間だけで採点するということです。

　筆者自身のお恥ずかしい話をすれば，筆者がサラリーマンだった頃は，「今月は飲みに行き過ぎたので，財布の中が少々寂しいなぁ」と思えば，やらなくてもいい残業をしては残業代をいただくようなことをしていました。

　一方で，上司からはよく「生産性を上げなさい」といわれていました。「生産性を上げる」とは，「短時間で仕事を済ませ，残業などしないでさっさと帰りなさい」ということです。

　しかし，当時の筆者は心の底から「生産性を上げよう」とは思えませんでした。なぜならば，いくら口で「生産性を上げろ」といわれても，一方の厳然たる事実として，長時間働くほど（皮肉を込めていえば，長時間会社にいるほど），給料が増える採点基準になっていたからです。

　その後，筆者は外資系のコンサルティング会社に転職しました。そこでは完全年俸制です。毎年の人事考課と査定の結果で年俸額が決まり，その12分の1が毎月淡々と振り込まれるだけです。どんなに死ぬほど長時間働いても，1円たりとも月の給料は変わりません。

　こうなると，自然と仕事を早くこなそうと考えます。ただでさえ忙しい世界です。午前様になることなど日常茶飯事です。それでも1円たりとも月の給料は変わりませんから，心の底から「さっさとやって，さっさと帰ろう」と思い，またそう行動しました。

　その結果，転職前後のほんの短期間で，同じ人間がここまで変わるかと思うほど，生産性は劇的に上がりました。

　その一方で，コンサルティング会社に在籍中，誰からも「生産性を上げなさい」といわれたことはありませんでした。

　つまり，「生産性を上げなさい」という大義名分を100回口から吐くよりも，たった1つの正しい採点基準の方が，行動に対して決定的な意味を

もつということです。

　さらにいえば，残業をすることは誰も望んでいないはずです。企業はコスト増につながりますし，働いている側もプライベートの時間を奪われます。平日だって夕食は家族と一緒にとる方がいいに決まっています。このように，誰も望んでいない残業なのに，採点基準があるべき行動と整合的でないから，誰も望んでいないことを皆がやっているのです。

　採点基準である指標を何にするかによって，人の行動は決定的に決まります。それがあるべき行動と整合していなければ，どんなに口でいっても人の行動は伴いません。

　現在，皆さんの会社で指標として使われている利益や利益率などは，そこまで考えて選択されているでしょうか？ただ単に，昔からそれが使われているからというだけの理由で使い続けられていないでしょうか？管理会計のカタチを考える際は，まず，そこを考えなければなりません。

関連理論の解説1－2

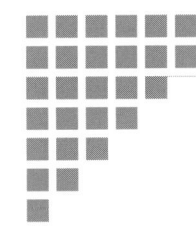

バランスト・スコアカード

　バランスト・スコアカードは，元々業績評価手法の1つですが，非財務的な行動指標に至るまで評価指標を設定するところが大きな特徴です。これは，「人は採点基準通りに行動する」という考え方を行動レベルにまで落とし込んだ考え方と捉えることができます。

普段の仕事の目線に落とし込む

　バランスト・スコアカード（Balanced Scorecard：BSC）とは，直訳すれば「バランスのとれた成績表」ということです。成績表ですから元々は業績評価手法の1つです。では，「バランスがとれた」とはどういうことかというと，財務的指標と非財務的指標のバランスがとれているということです。

　管理会計を会計の範疇だけで考えると，当然のことながらKPIはすべて財務的なKPIになります。会計ですから当然といえば当然です。

　しかし，KPIは何らかの情報を事後的にモニタリングするだけでは意味がありません。企業としてあるべき行動をドライブする採点基準になっていることが何より重要です。

　さて，財務的なKPIだけで果たして人は正しい方向に向かって行動するでしょうか？

　たとえば，社長が年初のあいさつで「今年度，当社はROE 10%を目標にする」といったとしましょう。皆さんが従業員だったら，こういわれて今日から何をやったらいいか分かりますか？社長が「ROE 10%」なんて

31

いったところで，ほとんどの従業員は何をやったらいいか分からないはずです。中には「ROEって何？」という人だって少なからずいるはずです。ということは，ROE 10%を達成するための具体的な行動は誰もとらないということです。こんな状態でROE 10%という目標がもし達成されたとすれば，それは偶然か奇跡以外の何物でもありません。これではマネジメント不在です。

　このようにならないようにするためには，財務的指標を普段の仕事の目線までブレークダウンすることが必要です。それがバランスト・スコアカードでいう「4つの視点」です。具体的には「財務の視点」に，「顧客の視点」，「業務プロセスの視点」，「学習と成長の視点」を加えた4つです。

「4つの視点」はなぜこの4つか

　バランスト・スコアカードといえば「4つの視点」といわれるくらい，この4つの視点は有名です。では，なぜこの4つなのでしょうか。筆者自身，初めてバランスト・スコアカードというものに出会ったときは，「なぜこの4つなのか」ということがピンと来ませんでした。

　ここでのポイントは，4つの視点のつながりを理解することです。

　図表1-5を見てください。4つの視点のうち，最初に来るのは財務の視点です。「非財務的視点が重要だといっておきながら，最初に来るのは財務の視点かよ」と思われるかもしれませんが，そうなんです。

　ビジネスである以上，ゴールは財務的アウトプットを出すことです。ゴールだからこそ，最初に考えるのです。つまり，「結果は狙って出す」ということです。そのために必要なのは，結果から逆算して手段を考える「逆算の発想」です。そこにマネジメントがあるのです。

図表1-5　4つの視点

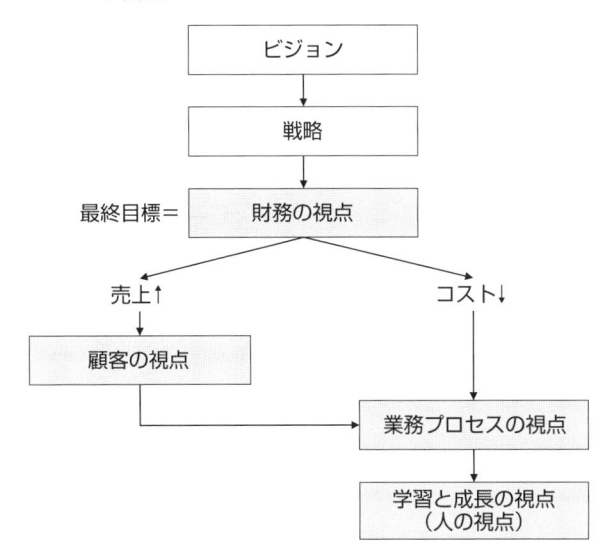

```
           ┌─────────┐
           │ ビジョン │
           └────┬────┘
                │
           ┌────┴────┐
           │  戦略   │
           └────┬────┘
                │
最終目標＝ ┌────┴────┐
           │財務の視点│
           └─┬─────┬─┘
         売上↑    コスト↓
           │        │
   ┌───────┴──┐     │
   │ 顧客の視点│     │
   └─────┬────┘     │
         │          │
         └────┬─────┘
              ▼
     ┌──────────────┐
     │業務プロセスの視点│
     └───────┬──────┘
             │
     ┌───────┴────────┐
     │学習と成長の視点 │
     │   （人の視点）  │
     └────────────────┘
```

　財務の視点における主な関心は「いかに売上を上げるか」と「いかにコストを下げるか」に集約されるでしょう。だからといって，「売上を上げろ！」とか「コスト削減！」と怒鳴るだけでそのとおりになるなら，誰も苦労はしません。その先を考えることが必要です。

　では，売上を上げるためにはどうすればいいかというと，そこで必要なのが「顧客の視点」です。顧客は誰で，その人は何を望んでいて，何をしてあげたら本当に喜ぶのかを考えることです。「あーハイハイ。顧客志向ってやつね」と少々聞き飽きた感もあるかもしれません。しかし，本当に顧客の視点に立っているか改めて自問自答してみてください。そこにはまだまだ改善の余地があるはずです。

　「顧客の視点」が決まったら次は「業務プロセスの視点」，つまり仕事のやり方です。仕事のやり方を考えるのは，あくまでも顧客の視点の次です。これが逆だと，「当社はこういう仕事のやり方をしていますから，つきま

33

しては顧客はそれに従ってください」ということになってしまいます。これも自問自答の余地がありそうです。

　そして重要なことは，業務プロセスの視点，すなわち仕事をやるということは，直接的にはコストの発生原因にしかならないということです。ですから，コストを下げたければ，その発生原因となっている仕事のやり方を変えるしかないということです。この考え方は，ABM（Activity Based Management：活動基準管理）のコンセプトそのものです。

　ここまでで仕事のやり方が決まりましたが，これで実際に何かが起こるかといえば，まだ何も起こりません。なぜならば，実際に仕事をする主体はいうまでもなく人だからです。最後の「学習と成長の視点」は，言い換えれば「人の視点」ということです。「これからは仕事のやり方をこのように変えます。したがって，あなたはこのような知識，このようなスキルを身に付けてください」ということです。

　これで4つの視点なのです。すなわち，財務の視点が仕事のやり方や人の視点にまでブレークダウンされているのです。そして，ブレークダウンされた4つの視点に対して評価指標（KPI）を設定します。

　業務プロセスの視点と人の視点に設定されたKPIが，具体的に人の行動をあるべき方向にドライブする採点基準となります。人があるべき方向に向かって行動した結果，風が吹けば桶屋が儲かるが如く，最終ゴールである財務的指標が達成されるのです。

　逆にいえば，現実的にコントロールできるのは業務プロセスと人だけです。財務の視点は直接的にはコントロールできません。直接コントロールしたら，それは粉飾です。

　財務的アウトプットは人の行動の結果でしかない以上，財務の視点を仕事のやり方と人の部分にまでブレークダウンしなければマネジメントになりません。

失敗パターン①：整合性の欠如

　財務的指標は直接コントロールできない以上，風が吹けば桶屋が儲かる式のマネジメントをするしかないわけですが，風が吹いたときにちゃんと桶屋が儲かるためには，4つの視点のブレークダウンが整合的であることが大前提です。整合的とは，全体としてストーリーが見えることといってもいいでしょう。

　ところが，実際にバランスト・スコアカードの手法を使ってみると，なかなかそうはなりません。

　バランスト・スコアカードを用いてKPIを設定することを現実的に考えてみると，ある程度の企業規模になれば，各部署で分担してそれぞれのKPIを設定することになるのが普通です。営業部門は営業部門のKPI，製造部門は製造部門のKPI，間接部門は間接部門のKPIという具合です。

　そのとき起こりがちなのは，KPIの方向性が合わないことです。元々，部門間の利害は必ずしも一致しません。営業部門，製造部門，管理部門の仕事を具体的に思い出してみれば，むしろ利害が一致しないことの方が多いかもしれません。ですから，KPIの方向性は合わないことの方が普通です。

　しかし，方向性の合っていないKPIを設定しても意味がありません。人は採点基準たるKPIに従って行動しますから，行動が組織ごとにバラバラになってしまうからです。最悪の場合，会社全体として望ましくない方向に動いてしまうかもしれません。

　たとえば，激しい国際的競争環境の中で競争力を高めることが全社的に最重要の課題だとしましょう。そのためには意思決定や行動のスピードを高めることが重要だとします。

　ところが，本社管理部門が，内部統制を強化するために今まで以上に承認プロセスを増やしたらどうなるでしょうか。内部統制上のリスクは下がるかもしれませんが，会社として今最も重視しなければならないスピード

は逆に阻害されるでしょう。

　内部統制を強化することは本社管理部門の職務でしょうから，そのかぎりにおいては仕事を全うしているといえます。しかし，全社的にアクセルを踏むことが重要なときに，これでは今まで以上にブレーキを踏むようなものです。本社管理部門が真面目に一生懸命仕事をすればするほど，全社的な戦略的目標は達成されなくなります。

　このようなことにならないようにするためには，ベクトルの方向性を全社的に揃えることが不可欠です。これは組織が大きくなればなるほど重要です。組織が大きくなると，全体が見えにくくなり，自部門から見える範囲の価値観だけで行動する傾向が強くなるからです。

　その拠り所になるのが，会社のビジョンであり戦略です。大きな組織では，各部門がそれぞれの判断で半ば勝手に動きますから，会社の方向性を一定方向に束ねることができるのは，ビジョンとそこから抽出された戦略しかないといってもいいでしょう。だから，図表1-5にもあるように，バランスト・スコアカードはビジョンと戦略を明確にするところから始めるのです。

失敗パターン②：絞り込みの欠如

　失敗例によく見られる第2の症例は絞り込みの欠如です。

　4つの視点に沿ってブレークダウンしていく際に，「あれもやろう」「これもやろう」と盛り込んでしまうのです。

　なぜそうなるかというと，今までの仕事のやり方を否定できないからです。いろいろな人の顔色を窺いながらブレークダウンしていきますから，できあがるのは現状やっていることのてんこ盛りです。これでは何を重点的にやろうとしているのか，さっぱり分からないものが出来上がるだけです。

　バランスト・スコアカードの意義は，ビジョンと戦略から抽出される財

務的アウトプットを具体的にどのように実現していくかを明らかにする点にあります。そういう意味では，バランスト・スコアカードは単なる業績評価のツールではなく，戦略実行のためのツールなのです。

戦略の実現手段というと多くの人は「何をするべきか」を考えますが，それ以上に重要なのは「何をやらないか」を明確にすることです。そもそも戦略というものが必要なのは，経営資源が有限だからです。無駄なところに貴重な経営資源を振り向けるわけにはいきません。

バランスト・スコアカードにおけるブレークダウンも同じです。しばしば見受けられる総花的なものは「何をやらないか」が明確でないから，全体としてシャープさがなく，戦略実現のストーリーが見えてこないのです。そこからは「みんなで仲良く今まで通り仕事をやっていきましょうね」というメッセージしか読み取れません。

バランスト・スコアカードは「戦略必達ツール」です。真面目に活用しようと思ったら，想像以上に厳しい手法なのです。

KPIは定量的であれ

バランスト・スコアカードでは，全社的なビジョンと戦略を4つの視点に沿って"現場レベルのやるべきこと"，すなわち"To Do"にブレークダウンします。これらのTo Doが実行されれば，風が吹けば桶屋が儲かるが如く，最上位の戦略もビジョンも達成されるわけです。

ただし，To Doを明らかにしただけではそれぞれのTo Doは実行されません。それらが実行されるためには，それぞれのTo Doに対してKPIを設定する必要があります。なぜならば，何度も強調しているように，人は採点基準通りに行動するからです。To Doという行動レベルに対してKPIを与えることによって，初めて人々の行動をマネジメントすることができるのです。口で「ああしろ，こうしろ」といっているだけでは人も組織も正しい方向には動きません。

KPIに関して重要なことは，KPIは定量的なものにするということです。すべてのTo Doに対して定量的なKPIを設定するのは難しいと思うかもしれません。確かに，財務の視点に関してはいいとしても，それ以外の顧客の視点，業務プロセスの視点，学習と成長の視点に関するTo Doのすべてに対して定量的なKPIを設定するのは必ずしも容易ではないかもしれません。

　しかし，ある人が次のようにいっています。

　You can't manage what you can't measure.

　出所は忘れてしまいましたが，かなり以前にある本で目にして以来，忘れることができない一文です。「測定できないものはマネジメントできない」ということです。

　これはいわれてみれば当然のことです。たとえば，科学技術の世界では，実験にしても物作りにしても，すべて定量的に測定するからこそマネジメントもできるし，再現性もあるわけです。ところが経営の話になると，とたんに無理だという。お金という非常に大事なものを扱っているにもかかわらずです。

　それでもなお，「すべてを定量化するのはちょっと…」というとすれば，それは本気でマネジメントする気がないということです。

　すべてがすべて最初から定量的に測定できるものばかりではないでしょうから，擬似的に定量化する工夫や試行錯誤は必要です。たとえば，顧客の視点において「顧客満足度を高める」というTo Doを考えた場合，顧客満足度という感覚的なものは定量的に測定できません。そのような場合は，まず何をすることが顧客満足度につながるのかを具体化します。その上で，具体化した項目について5段階評価等のアンケート調査を繰り返せば，定点調査的に顧客満足度を定量化できます。これは誰でも考えつく簡単な例ですが，「擬似的に定量化する工夫」とはこういうことです。

成果尺度とパフォーマンス・ドライバ

バランスト・スコアカードには2種類のKPIがあります。それは成果尺度とパフォーマンス・ドライバです。

簡単な具体例を使って説明しましょう。

今，「売上の増加」が目標だとしましょう。売上の増加が目標ならば，その達成度合いを測定する必要がありますから，当然，売上高を測定します。これが成果尺度です。売上高という成果を直接的に測定するKPIということです。

ただ，これだけで終わってしまったら具体的に何をしたらいいのか分かりません。ここで終わったら，「売上を上げるぞ！オー！」という掛け声だけに終始することになってしまいます。それではマネジメントとはいえません。

売上というのは何らかの行動が原因となって起こった結果です。マネジメントにおいて重要なことは，その結果をもたらすために「何をしたらいいのか」ということです。それに対するKPIがパフォーマンス・ドライバです。成果尺度が結果を事後的に測定する指標であるのに対し，パフォーマンス・ドライバは事前の行動指標です。

パフォーマンス・ドライバの設定にはジャンプが必要

では，売上増加に対するパフォーマンス・ドライバは何でしょうか？

これは簡単には見つかりません。

成果尺度は，やりたいことが決まればほぼ自動的に見つかります。「売上増加」が目標ならば，当然に「売上高」が成果尺度になるという具合です。

しかし，パフォーマンス・ドライバは自動的には決まりません。今の例でいえば，パフォーマンス・ドライバは「売上を増やすためには何をしたらいいか？」ということですから，そんなものが自動的に分かったら誰も

苦労しません。

　売上増加のために，ある人は「新規顧客の開拓」といい，またある人は「既存顧客の維持」というかもしれません。どちらがいいと考えるかは各企業によります。

　パフォーマンス・ドライバは企業自らが探すしかありません。それは経営者の考え方や価値観にも大きく左右されます。ですから，パフォーマンス・ドライバを設定するためには大きな思考のジャンプが必要です。さらに，設定したパフォーマンス・ドライバが本当に売上高に結び付くかどうかはやってみなければ分かりませんから，試行錯誤や見直しも必要です。

　たとえば，売上増加のために「既存顧客の維持」という戦略をとったとして，具体的なKPIとして「顧客に対する訪問頻度」をパフォーマンス・ドライバとしたとします。しかし，訪問頻度を高めたからといって既存顧客の維持率が上がり，売上高が増加するとはかぎりません。

　人によっては「訪問頻度なんか増やしても意味ないよ」というかもしれません。しかし，そういって何もやらない企業が結局は売上を増やせずにいるのです。

　パフォーマンス・ドライバを決めるということは，具体的なTo Doを明確にするということです。そして一度決めたらとりあえずやってみる。やってやってやり抜いてみて，それでも成果に結び付かないのであれば，潔く見直す。

　成果を出せない企業は，「やり抜く」ことか「潔く見直す」ことのいずれか（または両方）が欠けていることがほとんどです。

独自のストーリーと感度分析が競争力につながる

　競争優位性の源泉となるのは，パフォーマンス・ドライバに関する独自のストーリーと感度分析です。

　パフォーマンス・ドライバは成果尺度を達成するための仮説です。仮説

を考える際は，売上につながるストーリーを考えるはずです。「こういうことをやったら，こうなって，こうなって，それで売上が増える」というストーリーです。

このストーリーに独自性があるほど競争優位性につながります。ストーリーに独自性があるということは，他社からは「なぜそんなことをして売上増加につながるのか分からない」と見えるということです。当社には成果に結び付く明確なストーリーが見えているのに，他社にとってはそのストーリーがまったく理解できない。そうだとしたら，他社は当社のやっていることを真似しようがありません。

一方，パフォーマンス・ドライバは仮説であるがゆえに，成果がどうなるかはやってみなければ分かりません。そこで重要になるのが感度分析です。パフォーマンス・ドライバの変化に対して成果尺度がどのように反応したかを測定するのです。一種の仮説検証プロセスといっていいでしょう。

たとえば顧客に対する訪問頻度であれば，顧客の属性ごとに訪問頻度と売上高の変化を測定します。そして，それを組織的な経験値として蓄積していくのです。その場かぎりの行き当たりばったりの行動で時間をいたずらにやり過ごしているだけでは，組織の力は一向に上がっていきません。

経験値を蓄積していくことは時間がかかりますし，現実的には人事異動などもあるので，このような経験値をデータとして蓄積することは簡単ではありません。しかし，だからこそ意味があるのです。経験値を組織的に蓄積した企業は5年後，10年後に圧倒的な競争優位性を手に入れているはずです。なぜならば，「何をどの程度やったら成果がどの程度出るか」ということが事前に分かる"レーダー"を手に入れることができるからです。このレーダーは一朝一夕で手に入るものではありませんから，当面の間非常に有利な戦いができるようになります。

人が直面しているのは常に未来のことです。未来のことは，誰にとってもやってみなければ分かりません。やれることは，感度分析によって経験値を高めることだけです。

戦略マップ

　To Do に対して KPI を設定するには，まずビジョンと戦略を4つの視点をガイドラインにしながら To Do にブレークダウンしていきます。戦略を To Do にブレークダウンしていくプロセスは，「戦略を実現するためには何をすべきか」「そのためには何をすべきか」「そのためには…」というように，自問自答を繰り返して掘り下げていくプロセスです。ですから，単純な直線状にブレークダウンするのではなくツリー状に展開していきます。このようにブレークダウンしたものを戦略マップといいます。

　具体例として，SI ベンダーの戦略マップを見てみましょう（図表 1-6）。この会社のビジョンは，「"御用聞き型 SI ベンダー"から，経営改善に貢献する"コンサルティング型 SI ベンダー"への脱却」です。そして，そのための具体的な戦略は「経営コンサルティング能力の獲得・強化」と「安定的・高品質なプロジェクトの実施」です。

　戦略マップにおいては，To Do 自体がツリー状に階層化していくので，下位の To Do は上位の To Do のパフォーマンス・ドライバとなっています。ですから，顧客の視点ぐらいまでは，無理してパフォーマンス・ドライバを KPI にしなくても構いません。たとえば，顧客の視点では「顧客の経営課題に対する IT ソリューションの提案」と「質の高いサービスの提供」を To Do としています。これは，財務の視点で To Do とした「人月単価上昇による売上高増加」を実現するためのパフォーマンス・ドライバになっているという具合です。

図表 1-6　戦略マップの例

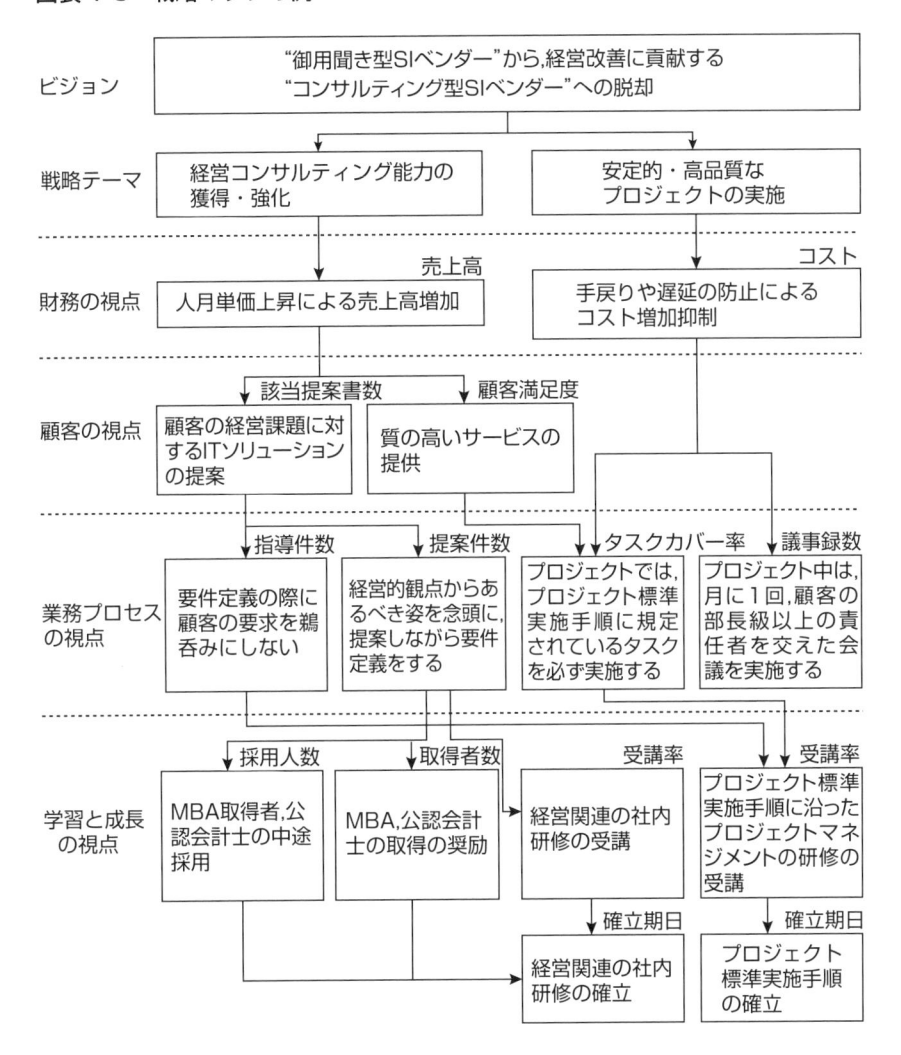

ビジョン	"御用聞き型SIベンダー"から，経営改善に貢献する"コンサルティング型SIベンダー"への脱却
戦略テーマ	・経営コンサルティング能力の獲得・強化 ・安定的・高品質なプロジェクトの実施
財務の視点	【売上高】人月単価上昇による売上高増加 【コスト】手戻りや遅延の防止によるコスト増加抑制
顧客の視点	【該当提案書数】顧客の経営課題に対するITソリューションの提案 【顧客満足度】質の高いサービスの提供
業務プロセスの視点	【指導件数】要件定義の際に顧客の要求を鵜呑みにしない 【提案件数】経営的観点からあるべき姿を念頭に，提案しながら要件定義をする 【タスクカバー率】プロジェクトでは，プロジェクト標準実施手順に規定されているタスクを必ず実施する 【議事録数】プロジェクト中は，月に1回，顧客の部長級以上の責任者を交えた会議を実施する
学習と成長の視点	【採用人数】MBA取得者，公認会計士の中途採用 【取得者数】MBA，公認会計士の取得の奨励 【受講率】経営関連の社内研修の受講 【受講率】プロジェクト標準実施手順に沿ったプロジェクトマネジメントの研修の受講 【確立期日】経営関連の社内研修の確立 【確立期日】プロジェクト標準実施手順の確立

関連理論の解説 1-3

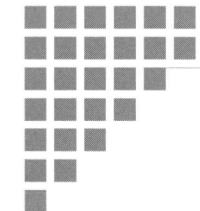

事業部間取引

　管理会計は経営のための会計です。経営のための会計である以上，組織マネジメントとも密接な関係があります。

　ここでは多くの企業で採用されている事業部制と内部取引価格を考えてみましょう。広く採用されているこれらの仕組みも，一般論を鵜呑みにするだけでは組織目標は達成されないというのがここでの重要なメッセージです。

事業部制と内部取引価格

　事業部制とは，製造や営業など企業活動に必要な機能をすべて内包した自己完結型の組織です。すべての機能といっても，人事や経理などの本社機能は全社レベルで共有していることも多く見られます。

　同様の組織形態にカンパニー制があります。両社に明確な定義があるわけではありませんが，一般的にはカンパニー制の方が本社機能まで内包した，より自己完結度の高い組織形態であることが普通のようです。

　管理会計の観点で見ると，いずれも独立採算制をとっている点で共通しています。事業部ごとに独立した損益計算書を作成するため，事業部別の利益責任が明確になる点が管理上のメリットです。

　事業部制においては事業部間で取引が行われることがあります。たとえば，A事業部が製造した部品をB事業部が使って別の製品を製造するような場合です。このような場合，事業部間の取引は内部売買として処理することが多く行われています。

売買取引において用いられる価格を内部取引価格ということにしましょう。これをどのように設定するかが問題です。

まず教科書的な一般論を説明しましょう。ここでは先ほどのような製造業を前提にし，A事業部が部品Xを製造し，B事業部はそれを使って製品Yを製造して販売するとします。部品Xに関してはA事業部が販売側，B事業部が購買側になります。

内部取引価格を考えるにあたっては，それが適正な業績評価と意思決定に役立つかどうかがポイントになります。以下，部品Xに市価が存在する場合としない場合に分けて見ていきましょう。

部品Xに市価が存在する場合

部品Xに市価が存在する場合とは，部品Xが市販されていて，B事業部は部品Xを社外から調達することも可能な場合です。

このような場合は，業績評価目的および意思決定目的の双方にとって，市価が最適な内部取引価格になります（図表1-7）。

図表1-7　市価が存在する場合

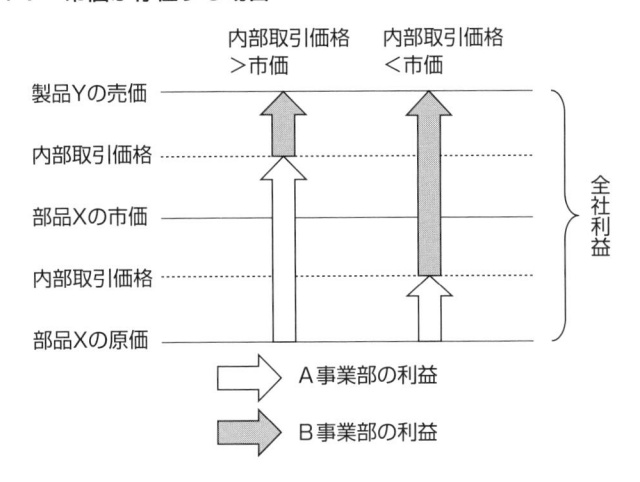

もし，内部取引価格が市価を上回っていると，B事業部は社外から調達するという意思決定をするでしょう。しかし，内部取引価格はバーチャルな価格に過ぎません。全社利益はあくまでも製品Yの売価と部品Xの原価との差額です。部品Xを社外から調達したら，市価で部品Xを購入することになりますから，全社利益が小さくなってしまいます。これでは誤った意思決定につながります。

　また，市価を上回る内部取引価格で社内売買を行えば，A事業部はコスト意識が甘くなる可能性があります。B事業部が高い部品原価を製品Yの売価に転嫁すれば，製品Yの価格競争力を失うことにもなります。

　一方，内部取引価格が市価を下回っていると，B事業部は安く部品Xを仕入れることができますから，製品Yの売価を必要以上に値下げできるという誤った意思決定をしかねません。当然のことながら，それは全社的な利益を損なうことになります。また，A事業部は部品Xを社外に販売した方が有利と考えるため，内部取引を停止するという誤った意思決定につながりかねません。

　以上から，市価が存在する場合は市価が最適な内部取引価格になります。

市価が存在しない場合

　部品Xに市価が存在しない場合は，部品Xの原価を内部取引価格とするか，原価に一定のマージンを乗せた一種の内部協定価格をもって内部取引価格とするかのいずれかです（図表1-8）。

　原価を内部取引価格とすれば，全社利益はすべて事業部Bに計上され，事業部Aの利益は常に0です。この場合に問題があるとすれば，それは事業部Aのモチベーションでしょう。事業部Aでは利益を評価指標にすることはできませんから，コスト削減だけが目標になります。しかし，「コスト削減」といわれるより，「利益増加」といわれる方が人は気持ちのいいものです。それを考えると，バーチャルであっても一定のマージンを設

図1-8 市価が存在しない場合

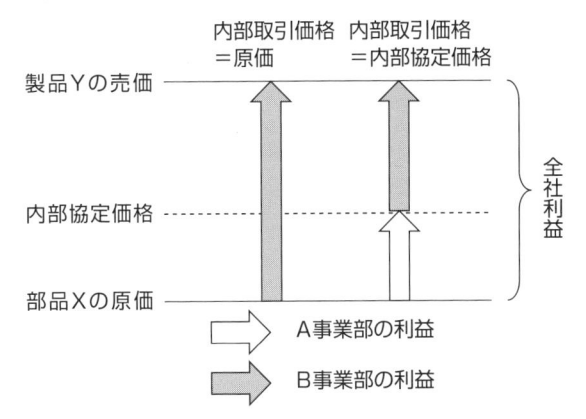

定して，利益で管理した方がいいという考え方はあり得ます。

　しかし，市価が存在しないということは，事業部Aは部品Xを社外には売れず，事業部Bは社内から調達する以外の選択肢はないということです。このような場合は，マージンを乗せることによって製品Yの対外的な価格競争力が弱まることの方が心配です。マージンを乗せれば，それだけ製品Yの売価が高くなる可能性があるからです。したがって，市価が存在しない場合に，あえてマージンを乗せた内部取引価格を用いる意義は乏しいと思われます。

　内部取引価格に原価を用いる場合は，さらにどのような原価が適切かが問題になります。一般論としては標準原価が適切な内部取引価格といえます。なぜならば，実際原価を内部取引価格に用いると，事業部Aの非効率性に伴う余計な原価まで事業部Bに振り替えられることになり，業績評価上好ましくないからです。

　さらに，全部原価ではなく変動原価の方が内部取引価格として適切な場合もあります。特に，製品Yの戦略的なプライシングをしたい場合は変動原価を内部取引価格にした方がうまくいきます。戦略的なプライシングのためには，全社的な貢献利益がプラスかどうかが重要な判断ポイントになりますが，部品Xの全部原価を内部取引価格とすると，全社的には埋

没原価である部品Xの固定原価まで事業部Bに振り替えられるため，事業部Bにはその判断ができなくなってしまいます。

ただし，変動原価を振替価格に用いるのは短期的な意思決定のためにはいいですが，長期的には必ずしも望ましくありませんので，その点は注意が必要です。

安易な内部取引価格は競争力を奪う

内部取引価格を用いる場合は，少なくともここまでのことぐらいは理解していないと，かえって競争力を失う結果になりかねません。実際，逆効果になっていると思われる例が散見されます。

まず，安易にマージンを乗せた内部取引価格を用いる例が見られます。内部取引価格にマージンを乗せることは一概に否定できませんが，そうすることによってどのようなマネジメント上の効果を狙っているのかは明確になっていなければなりません。

そうでなければ，対外的な価格競争力を企業自ら弱めることになります。多くの業種で国際的に価格競争が激しくなっている今日において，それは致命的になりかねません。

最終製品の価格競争力を重視するならば，内部取引価格にマージンを乗せるのは，内部取引の対象となるものに市価が存在することが前提と考えるべきでしょう。

また，市価が存在する場合は，あくまでも市価が内部取引価格の基準値です。現実的には，提供側事業部の原価がすでに市価を上回ってしまっていることもあり得ます。そのような場合は提供側事業部の存在意義が問われなければなりません。そうでなければ，何のための事業部制であり何のための内部取引価格なのか分からなくなってしまいます。

存在意義を問うほどの一定の厳しさがなければ，事業部制も内部取引価格も，単なるバーチャルな会社ごっこです。

あくまでもバーチャルであることを心得よ

　内部取引価格は所詮，業績管理上の手段です。対外的なキャッシュ・フローを伴わないバーチャルなものです。その認識を忘れると本末転倒なことになりかねません。

　セミナーの企画・運営を行っているある会社では，セミナーの分野ごとに事業部制をとっています。この会社は，社内のセミナー室の他に社外の貸会議室を借りて，数多くのセミナーを日々運営しています。そして，事業部ごとの利益責任を明確にするために，社内のセミナー室にも使用料が設定されています。これも内部取引価格の例です。

　ところが，社内のセミナー室よりも社外の貸会議室の使用料の方が安いため，社内のセミナー室が空いていても，率先して社外の貸会議室を使うということが日常的に行われています。

　しかし，社内セミナー室の使用料はバーチャルなものに過ぎません。おそらく，何らかの原価計算の結果，はじき出した数字にもとづき設定された価格だと思われますが，社内の固定的な設備である以上，すべて埋没費用です。少なくとも，使用料に相当するキャッシュ・アウトが発生するわけではありません。一方，いくら数字上低いといっても，社外の貸会議室の使用料はキャッシュ・アウトを伴います。全社的に見たら社外会議室を借りた方が損をするのは明らかです。

　明確な管理方針のないまま事業部制と内部取引価格のカタチだけを取り入れて，本末転倒な結果になっている例でしょう。

競争型か協調型か

　事業部制とそれを前提にした社内売買の仕組みは，独立採算制を基本としていますから，事業部間の競争を促す仕組みです。このような仕組みは，利益という無機的な指標を拠り所として事業部が互いに競争し合う"競争

型"の組織にはうまく適合します。

　たとえば商社などは，組織によって取扱商品も違えばやっていることもまったくといっていいほど違います。このような企業では組織間のシナジーが希薄ですから，組織間で業績を競わせた方が，お互い切磋琢磨して会社全体の業績にもいい結果がもたらされることが考えられます。

　一方，SIベンダーなどでも製品・サービス別に事業部制をとっている会社が数多くありますが，SIベンダーは事業部間のシナジーを高めることが非常に重要な"協調型"の業種です。なぜならば，一般的に顧客は「最初はERPを導入したいけれど，その後はデータウェアハウスを構築し，将来的にはシステムの運用をアウトソーシングしたい」というような包括的なニーズをもっていることが多いからです。その場合に，ERP事業部，データウェアハウス事業部のような組織が分かれていたら，包括的なサービスを顧客に提供することは非常に難しくなります。

　特に，他事業部間から技術者を借りるときに内部売買として処理されるようになっている場合は，社内手続きが面倒である上に，借りた事業部には費用が計上されるため利益を圧迫することになります。これでは，誰も積極的に他事業部のリソースを使おうとしません。結果的に，事業部は自分たちで自己完結できる小粒のプロジェクトしかやらなくなります。自己完結的であることは正に事業部制の狙いですが，それが事業部間のシナジーを高める足かせになってしまうのです。

　事業部制をとる企業では，ほとんどのケースで社内売買という仕組みを採用していますが，企業の特性によっては必ずしも適当でない場合もあります。少なくとも，協調型企業にとってはデメリットの方が大きいかもしれないので，よく考えて採用する必要があります。

第2章

管理単位の細分化と非細分化

CASE 4　JALの復活を支えた管理会計

―アメーバ経営の導入―

　本ケースでは，経営破綻から見事な復活を遂げた日本航空（JAL）を取り上げます。稲盛和夫氏が自らいうように，そこでは管理会計が大きな役割を果たしています。

▎JAL復活の理由は「管理会計」

　2010年1月19日に経営破綻した日本航空は，2次破綻も懸念された中，驚異的なスピードでV字回復を遂げました。

　2011年5月に発表された2010年度の業績は，連結営業利益1,884億円。更生計画で見込んでいた641億円の約3倍の連結営業利益は，破綻前も含めて過去最高益となりました。経営破綻後わずか1年4ヵ月後のことです。さらにその1年4ヵ月後に日本航空は再上場を果たしたのです。金融機関からの多額の債権放棄や大幅な人員削減があったとはいえ，やはり驚異的な回復といわざるを得ません。

　その秘密はどこにあったのでしょうか。

　日本航空の経営再建の最大のキーパーソンは，いうまでもなく稲盛和夫氏です。

　本書の「はじめに」でも触れたように，稲盛氏は再上場から間もない2012年10月30日に開かれた日経フォーラム世界経営者会議において，日本航空再建の大きなポイントの1つとして管理会計をあげています。

　トップの口から「管理会計」という言葉が出るのはあまり例がありません。そして，それが日本航空再建の大きなポイントだったといっているのです。

予想以上に順調に再建できた日本航空の裏には，間違いなく管理会計の存在があったのです。

アメーバ経営とは

稲盛氏が日本航空に持ち込んだ管理会計の仕組みはアメーバ経営です。

アメーバ経営は，稲盛氏が創業した京セラにおいて，稲盛氏が独自に考え出したものです。

京セラを創業してから数年が経つと，従業員は300名を超えるようになりました。300名を超えるようになると，さすがの稲盛氏も全体に目が行き届きません。

そこで，「会社を20〜30名程度の小集団に分け，その組織を独立採算にし，それぞれのリーダーはあたかも町工場の社長のように独立に採算を管理してもらえばいい」と考えました。これがアメーバ経営の始まりです。

現在の京セラの組織構造は事業本部—事業部—部というように，一般的なピラミッド構造になっていますが，たとえば製造であれば工程や機械別，営業であれば地域や担当商品別というように，リーダーの意思で組織を自由に細分化することができるようになっています。その1つ1つが独立採算のアメーバです。現在の京セラには1,000以上のアメーバがあり，アメーバ当たりの人数は平均15名程度になっています。

アメーバは独立した1つの会社のように，社内のマーケットで自分たちが生み出した物やサービスを売買します。そのときの取引価格はコストベースではなく，アメーバ間の交渉で決まります。

製造部門であれば，前工程のアメーバは後工程のアメーバに対して自分たちの生産物を販売することになります。この取引で発生した売上から生産でかかった費用を引いたものが前工程のアメーバの利益となります。このことからも分かるように，管理部門などの一部の例外を除き，基本的にはすべてのアメーバはプロフィット・センターとなっています。

「時間当たり採算」に見られるシンプル・マネジメント

　アメーバ経営では,「時間当たり採算」という指標が重視されます。これは, 各アメーバにおける利益を, それを生み出すのに要した時間で割ったものです。

　これはきわめて簡単な指標ですが, そこに大きな意義があると考えられます。

　世の中には非常に複雑な管理の仕組みを採用している会社が少なくありません。管理会計においても, 複雑な計算を多用するケースが散見されます。会計を知れば知るほど複雑な計算をしてみたくなるものですし, また, そうすることによって管理の仕組みが高度になると思えるのかもしれません。

　しかし, 筆者は管理の仕組みは凝り過ぎない方がいいと考えています。シンプルに越したことはないのです。なぜならば, 管理会計のような仕組みは現場の人が使いこなせなかったら意味がないからです。管理会計は会計専門家のためにあるのではないのです。

　筆者は,「管理の仕組みはシンプルであればあるほどいい」というコンセプトを「シンプル・マネジメント」と称しています。

　稲盛氏が「時間当たり採算」という指標を考えたのは, 正に専門的な会計知識をもたない者でも容易に分かるようにするためでした。それはシンプル・マネジメントのコンセプトそのものです。

　シンプルにするための工夫として, たとえば時間当たり採算の中には棚卸資産の概念がありません。制度的には未使用の棚卸資産は費用には含めないのは常識です。しかし一般の人にとっては, 購入の事実を費用と同一視する現金主義的な発想の方が自然です。何より, その方がキャッシュを常に意識することにつながり, 健全な経営にもつながります。

　ここまでシンプルにされた時間当たり採算ですが, これを拠り所にするアメーバは,「売上を最大に, 経費を最小に」という稲盛氏が重視するこ

れまたシンプルな商売の基本を,最小の時間で実現するようになるのです。

尖閣問題での象徴的な出来事

　稲盛氏は,このアメーバ経営を日本航空に持ち込みました。報道等では,それによって路線別・部門別に採算を把握することが可能になったとよくいわれています。

　破綻前の日本航空では,路線別・部門別の利益が適正かつスピーディーに把握できませんでした。それでは,レーダーももたないで飛行機を飛ばしているようなものです。快晴で気流もいいときはそれでもいいですが,視界が悪く気流も乱れてきたら,あっという間に墜落です。それで平気でいられたわけですから,そのことだけでも驚きです。日本航空が破綻したのも当然といえば当然です。

　アメーバ経営が導入され,路線別・部門別の採算が把握できるようになった日本航空は明らかに変わりました。それを裏づけるような出来事が中国との尖閣問題に対する対応です。

　2012年9月,中国国内における反日デモが過激化してからというもの,各航空会社で中国路線のキャンセルが相次ぎました。そんな中,他社に先駆けていち早く減便の決断をしたのは日本航空でした。

　これはあくまでも推測ですが,おそらく路線別の採算性を正確かつスピーディーに把握できていたからこそ,これだけ迅速な意思決定ができたのではないかと思われます。しかも,他社がまだ様子見のような状態だったときに,他社に先駆けて決定したのです。

　これは従来であればほとんど見られなかったことのように思います。ただでさえ横並び意識が強い上に,判断材料となる情報も手元にないわけですから,他社と異なる思い切った意思決定をこれだけのスピードで行うことはなかったはずです。

JALにおけるアメーバ経営の真髄

　路線別・部門別の採算管理は一般企業でいえば製品別，部門別に採算を把握することに相当します。これだけなら普通の話です。アメーバ経営でも何でもありません。

　路線別・部門別採算管理が可能になったのは，アメーバ経営の１つの結果に過ぎません。日本航空で行われたのは，組織変更を伴う利益責任の大改革です。

　航空会社というのは，営業，運航，客室，整備など，性質が相当異なる複数の組織の集合体です。それだけに，各組織がそれぞれの考え方に従って動くというところがあります。かつての日本航空も，各組織が自分たちの論理に従って好き勝手に動いており，それぞれの役割を全うすればそれでよしというところがありました。採算性などにはほとんど関心をもっていませんでした。

　新しい日本航空では，まず組織体制を刷新し，事業部門，事業支援部門，本社部門の３つに大きく分けました。

　事業部門は利益責任を負う部門です。一般企業における営業部門に相当します。この配下には，路線統括本部，旅客販売統括本部，貨物郵便本部の３本部がおかれました。路線別統括本部は，路線別の採算性に責任をもつ組織として新設された組織です。

　事業支援部門は航空運送サービスを提供する部門です。製造業でいえば製造部門に相当する部門です。この配下には，運航本部，整備本部，客室本部，空港本部の４本部がおかれました。本社部門は，経営企画本部，財務・経理本部，人事本部などの一般管理部門です。

　事業支援部門に属す運航本部，整備本部，客室本部，空港本部の４本部は，従来は単なる機能別組織でしたが，新体制の下では明確な利益責任をもつようになりました。

　これら４本部は，それぞれが生産したサービスを路線統括本部に"販売

します。運送に必要なサービスを"仕入れ"た路線統括本部は，これらのサービスをお客様に販売します。その売上はすべて路線統括本部に計上されます。

この仕組みによって，全社的な利益責任は路線統括本部が負うのと同時に，サービス提供部門である4本部も明確に利益責任を負うことになりました。

これが日本航空に導入された「路線別採算管理」であり「部門別採算管理」です。整備本部や客室本部までもがアメーバとなって利益責任を負うという点で，単なるセグメント別採算管理とは決定的に違うのです。

勝手にコストが下がっていく

アメーバ経営を支えるものとして，もう1つ注目すべき考え方があります。それは，稲盛氏がかねてから重視している「ガラス張り経営の原則」です。

会計情報，特に内部管理目的に用いる管理会計情報は，役員などのごく限られた一部の人間だけが知っていればいいという考え方もあります。専門性が高く一般の従業員には分からないということや，機密性が高く漏えいが心配だというのがその理由です。オーナー経営者であれば，あえて実態は知られたくないという思いもあるかもしれません。

しかし，稲盛氏の考えは違います。管理会計情報は幹部から一般従業員に至るまでガラス張りにしておくことが重要だと考えます。そうすることによって，初めて全員参加型の経営が実現されるからです。これなくして，自律型のアメーバ経営は機能しません。

会計情報を全従業員に公開するこのような考え方を，専門的にはオープンブック・マネジメントといいます。

オープンブック・マネジメントの考え方は日本航空にも持ち込まれました。それによって，幹部も驚く不思議なことが起こったのです。毎月，幹

部には理由がよく分からないまま，目標数値を上回るコスト削減が勝手に実現されていったのです。日本航空の当時の社長である植木義晴氏も，「すでに相当絞っているはずなのに，それでもコストが落ちていく。毎月の報告数値を見るにつけ，想定以上の達成に不思議でならなかった」といっています。

　ここにこそ，日本航空復活の大きなカギがあります。

　管理会計情報がガラス張りにされたことによって，各アメーバ自身，足元のコストという数値がどんどん下がっていくことが，新鮮で驚きだったのです。そして，自らが掲げた目標数値を達成することの楽しさや充実感をもったのです。

　実際，たとえば整備部門は，利益というものを身近に感じるようになったことによって，整備現場での手袋の洗濯回数を4回から2回に減らすという地道な活動を，誰に指示されたわけでもないのに自発的にするようになったといいます。

　一般に，財務的指標は分かりにくく，また直接コントロールもできないので，非財務的指標が重要だといわれます。バランスト・スコアカードなどは正にそういうスタンスです。

　しかし，日本航空の成功から得られる示唆は，利益責任が明確にされた小集団組織体制において，整備された管理会計システムがガラス張りにされていれば，あえて非財務的指標は必要ないのかもしれないということです。

【参考文献】
稲盛和夫『アメーバ経営―ひとりひとりの社員が主役―』日本経済新聞社，2006年。
三矢裕『アメーバ経営論―ミニ・プロフィットセンターのメカニズムと導入―』東洋経済新報社，2003年。
引頭麻実『JAL再生―高収益企業への転換―』日本経済新聞出版社，2013年。

CASE 5 京セラ アメーバ経営の本質

―顧客価値志向, 自律, それを支えるフィロソフィ―

　本ケースでは, 本家本元の京セラから, アメーバ経営の本質と成功要因を考えてみたいと思います。

アメーバ経営のリスクは本当にリスクか

　アメーバ経営を形式的に捉えるならば, それは管理単位の細分化と利益責任の明確化です。その意味においては, すでに取り上げたチーム制と類似の仕組みです。

　このような仕組みを, 管理会計の大家であるR・クーパーはミニ・プロフィット・センター (MPC) と呼びました。

　チーム制のところでも述べたように, 利益確保が課題の場合にMPCは特に効力を発揮します。利益責任が明確な小集団は利益を出しやすく, そして利益の足し算は利益になるからです。

　その意味において, 日本航空にアメーバ経営を適用したのは非常に整合的だったといえます。経営破綻した日本航空の喫緊の課題は, 利益を安定的に出すことだったからです。

　しかし, アメーバ経営についてはいくつかのリスクが指摘されています。

　その1つは価格競争力を失うリスクです。アメーバ経営では個々のアメーバを独立した会社のように扱いますので, アメーバ間の取引は売買取引が基本となります。その社内売買価格にはマージンが乗っていますから, いくつものアメーバを経由しているうちにマージンがどんどん乗るため, 外部顧客に対する最終的な販売価格が高止まりするというのがその理由です。

また，成長戦略にはあまり適さないという懸念もあります。売買取引を基本とするアメーバ経営においては，一方のアメーバに売上が立てば，他方のアメーバには費用が発生します。アメーバ間には常に利害の対立が存在するため，アメーバ間にコンフリクトが生じる可能性があるのです。アメーバ経営では厳格な独立採算制がとられていますので，下手をすると各アメーバが「自分の所さえよければ」と考え，行動する可能性があるのです。

このようなコンフリクトが生じれば，アメーバ間の協調関係が築けず，会社全体のシナジーを高められません。そのような状態では，人などの経営資源を増やさなければ，売上を増やすことはできません。

アメーバ間にコンフリクトが生じる可能性についてはR・クーパーも指摘しています。

しかし，これらのリスクは，本当にアメーバ経営のリスクでしょうか。アメーバ経営を管理単位の細分化と利益責任の明確化と形式的に捉えているだけでは，アメーバ経営の本質を理解できません。

アメーバ経営の本質は「顧客志向」

まず第1の価格競争力を失うリスクですが，本家本元の京セラでは，顧客志向の徹底によってこのリスクを解消しています。具体的には，最終的な販売価格は顧客が決めるという考え方です。これは，まだ下請けがメインだった頃の京セラが度重なる取引先からの値下げ要請の中から稲盛氏が嫌というほど思い知った経験がもとになっています。

言葉を変えれば，"引き算の発想"を徹底するということです。社内売買価格というと，売り手側組織の原価に一定のマージンを加えて買い手側組織に販売すると考えがちです。このような"足し算の発想"では確かに対外的な販売価格はどんどん高くなってしまいます。

しかし，稲盛氏の考え方は違います。「マーケットの値段はオートマチックに市場原理できまる。コストを創意工夫して，その結果として出たもの

が利益である」と考えているのです。これが"引き算の発想"です。

この考え方の画期的なところは、「メーカの利益は製造側で生まれる」と考えているところです。利益を生み出すのは営業ではないのです。この考えでは、製造部門はコスト・センターではありません。製造部門こそがプロフィット・センターということになります。営業は、お客様と製造とをつなぐパイプ役という位置づけです。

時間当たり採算から見て取れる「価値志向」

京セラのアメーバ経営で重視される指標は時間当たり採算です。具体的には図表2-1のように計算されます。単位を省略していますが、数字はすべて金額です。各工程がそれぞれアメーバになっていると考えてください。

図表2-1　時間当たり採算

	工程A	工程B	工程C	
社外出荷	0	0	100	…売上高合計
社内売	20	50	0	
総出荷	20	50	100	
社内買	0	20	50	
総生産	20	30	50	…売上高に対する貢献度
控除額	10	20	30	…経費
差引売上	10	10	20	…付加価値

　　　　　　　　÷時間
　　　　時間当たり採算　　…時間当たり付加価値

これは、工程Aから工程Bに20、工程Bから工程Cに50、工程Cが外部顧客に100で販売している例です。

「総出荷」とは、内外合わせた売上高合計のことです。

「総生産」とは，他のアメーバからの仕入額を控除したものです。この合計は社外出荷の合計に一致します。これは，対外的な売上高に対する各アメーバの貢献度と見ることができます。

「控除額」とは，経費のことです。これには人件費は含まれません。その理由は，各アメーバにとって管理不能だからです。

「差引売上」は，アメーバごとの利益ですが，「控除額」に人件費が含まれていないことから，付加価値に相当するものと考えられます。

「差引売上」を所要時間で割ったものが「時間当たり採算」（京セラ内では，省略して「時間当たり」と呼ばれている）です。時間当たり採算はだいたい数千円になります。数千円であれば非常に身近に感じられ，自分の時間当たり給料（パートであれば時給そのもの）とも容易に比較できるため，当事者意識をもつことができます。

ここでの科目名が一種独特なのは，この仕組みを作ったのが製造などの現場の人たち自身だからです。彼らは一般的な会計用語に詳しくありませんから，自分たちの感覚に従って科目名を決めたのです。

そこには費用という言葉も利益という言葉も出てきません。そこから読み取れる彼らの感覚は，損益志向ではなく価値志向です。単にコストを下げて利益を出すのではなく，「各アメーバがいかに価値を創出するか」ということを志向しているように見えます。最終的に計算しているものが付加価値と等価であることからも，そのことが伺えます。

「自律」がなければ成り立たない

京セラにおいてもアメーバ間で取引価格が折り合わないということは起こっています。しかし，そこにあるのは，「値段は各アメーバのリーダーが自分の意思で決める」という原則だけです。どうしても話がまとまらない場合は，上位の管理者が調停に入りますが，それでも強制力をもつわけではありません。あくまでも調停役です。そうでなければ，「強制的に価

格を決められたから，ウチのアメーバは利益が出ない」という口実を与える結果になるからです。

　アメーバ経営の根底にあるのは，従業員全員が経営者のように考え行動することです。そして，稲盛氏は常々「値決めこそ経営」といっています。

　アメーバのリーダーに求められているのは，文字通り，リーダーシップなのです。そして，それは全従業員にも求められていることです。

　リーダーシップはマネジメントとは違います。マネジメントは第三者がいなければ成り立たない概念ですが，リーダーシップは1人でも発揮できます。なぜならば，リーダーシップとはリードすること，すなわち主体的に考え行動することだからです。1人で発揮するリーダーシップはパーソナル・リーダーシップといわれています。

　それは言葉を換えれば自律することです。個々人の自律なくして，アメーバ経営は成り立たないのです。

すべてを支えるフィロソフィの存在

　顧客志向や自律の重要性はどこの企業でもいわれていることです。ですから，それ自体は特に目新しくはないでしょう。しかし，いうだけなら誰でもできます。問題は，それを本当に実践しているか，徹底しているかということです。

　その点において，京セラで重要な役割を果たしているのが，京セラフィロソフィです。京セラフィロソフィは多岐にわたりますが，たとえば，難しい課題にチャレンジして失敗しても，結果はどうあれ，そのプロセスが評価されること，アメーバの利益は当該アメーバが独力で稼いだものではなく，周囲の協力によって達成された企業への貢献として捉えるべきものであること，そして，自分のアメーバの利益を優先するあまりに他のアメーバに迷惑をかけるような行為は絶対に許されないということなどがあげられます。根底にあるのは「人として正しいことをやる」というフィロソフィ

です。

　このようなフィロソフィがすべての前提として徹底されているために，アメーバ間でコンフリクトが起きても，「相手のことを思えばどうすればいいのか。お客様のことを思えばどうすべきなのか」と考えることができるのです。また，拠り所となる原理原則があるため，個々人が自ら主体的に考えることができ，自律できているのです。

　実際，現場では「それって本質？」「それは単なるあんたの勝手やろ」という会話が普通になされているといいます。

　アメーバ経営の本質は，徹底した顧客志向と従業員の自律，そしてそれを根底で支えるフィロソフィの存在にあります。これら魂の部分を徹底することなく，形式的な部分だけ真似てもうまくいきません。

　日本航空においても，アメーバ経営の考え方を使った路線別損益管理という仕組みばかりが何かと注目を集めますが，その裏には，京セラ同様の「JALフィロソフィ」の作成と，それにもとづく徹底的なリーダー教育があるのです。それがあっての路線別損益管理という仕組みなのです。

魂なきアメーバ経営はうまくいかない

　本ケースで一番伝えたいことは，アメーバ経営の本質は，顧客価値志向と自律，そしてそれを支えるフィロソフィの存在だということです。これら，いわば魂の部分が置き去りにされ，抜け殻となった形だけのアメーバ経営はうまくいきません。管理単位が細分化されていることに伴う弊害の方が一気に顕在化する可能性があります。

　たとえば，顧客価値志向という全体感がなければ，「自分のアメーバさえよければ」というエゴイズムばかりが目立つようになるでしょう。アメーバ同士の協調も期待できませんので，会社全体のシナジーを高める上でも足かせになるはずです。

　問題は，魂の部分をどうやって担保するかということです。

JALのケースでいえば，魂の拠り所となっていたのは，いうまでもなく稲盛和夫氏の存在です。稲盛氏がJALを去った後，急速に昔のカルチャーが頭をもたげてくる可能性は否めません。

　それは，稲盛氏自身が一番心配していました。稲盛氏は，JALが再建を果たした後もしばらくJALの役員にとどまりました。理由は，「自分がいなくなったら，あっという間に昔のJALに戻る可能性がある」と考えたからです。その稲盛氏も，2013年3月末でJALの取締役を退任しました。

　カリスマ的なリーダーがいなくなったらダメになるというのでは困ります。特定の人物に依存する組織では，永続的な企業の繁栄は期待できません。

　JALも，稲盛和夫氏の存在を真のフィロソフィに昇華させ，組織力にできるかどうか。JALの真価が問われるのは，カリスマ的なリーダーがいなくなった後です。

【参考文献】
三矢裕『アメーバ経営論―ミニ・プロフィットセンターのメカニズムと導入―』東洋経済新報社，2003年。
稲盛和夫『アメーバ経営―ひとりひとりの社員が主役―』日本経済新聞社，2006年。
小杉俊哉『リーダーシップ3.0―カリスマから支援者へ―』祥伝社新書，2013年。

CASE 6 グーグルの"生態系モデル"

―管理単位を細分化しないからこその強さ―

　ここまでの CASE 1 から CASE 5 までは，1つの共通の見方で整理することができます。それは企業の管理単位をどのような切り口で細分化するかということです。

　管理単位の細分化方法としては事業部制やマトリクス制などがありました。その中で，アメーバ経営は管理単位を最も小さく細分化した形態です。管理単位を細分化し，利益責任を明確にするという点では，アメーバ経営は究極の管理モデルといえます。

　一方で，世の中にはそれとはまったく逆方向に究極的な管理モデルをとっている企業もあります。それは管理単位を一切細分化しない管理モデルです。

　本ケースでは，管理単位を細分化しないからこそ成功している例として，グーグルのケースを取り上げます。

グーグルの事業内容

　グーグルは，創業してわずか13年という短い期間で，300億ドルに迫る売上高を稼ぐ優良企業に成長しました。グーグルの成長ペースは，数ある歴代のベンチャー企業の中でもトップクラスです。

　スタンフォード大学大学院の学生だったラリー・ペイジとサーゲイ・ブリンの2人が独自のアルゴリズムによるインターネット検索エンジンを開発し，1998年にシリコンバレーのガレージで創業したのがグーグルです。

　2001年には，ノベルの会長兼CEOだったエリック・シュミットを

CEO として迎え，同年に初の黒字化を達成します。

　黒字化への転換に伴い，グーグルはその後，さまざまなサービスを生み出していきます。2001 年の画像検索に始まり，2002 年には Google News（ニュース検索），2003 年には Google Print（書籍検索，後の Google Book Search），2004 年には Google Scholar（論文検索）など，Web 検索サービスを次々と開始しました。

　グーグルのサービス開発はこれらの Web 検索の分野に止まりません。グーグルは基盤技術や Web アプリケーションの分野にもそのサービス領域を拡大しました。特に，Web アプリケーションの分野では 2004 年から 2006 年までの 3 年間に多くのイノベーティブなサービスを開始しています。よく知られたところだけでも，Gmail（電子メール），Google Maps（地図サービス），Google Earth（衛星画像ソフト），Google Calendar（スケジュール管理），Google Apps（企業向けグループウェア）などがあります。

　2003 年以降，企業買収も本格化します。2006 年には動画投稿サイトの You Tube，2007 年にはバナー等の広告会社であるダブルクリック，2009 年には広告事業運営会社の AdMob など，大型買収を次々と行いました。中でも，YouTube の買収はその後のグーグルに大きな影響を及ぼしています。

　2007 年からはクラウド・コンピューティングや OS などの基盤技術の開発を本格化させています。中でも，スマートフォン向け OS として開発された Android は，その後のスマートフォンの爆発的な普及に大いに貢献しているのはご存じのとおりです。2012 年の OS 別スマートフォンの世界シェアは，Android が 68.8% となっており，アップルの iOS を大きく引き離しての 1 位となっています（図表 2-2）。

図表 2-2　OS 別スマートフォン世界シェア（2012 年）

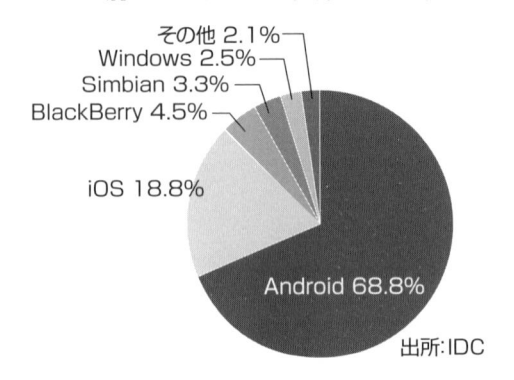

その他 2.1%
Windows 2.5%
Simbian 3.3%
BlackBerry 4.5%
iOS 18.8%
Android 68.8%
出所:IDC

売上の 95% は広告事業

　元は検索エンジンから始まったグーグルですが，現在の事業内容は非常に多岐にわたっていることがお分かりでしょう。

　一方，2012 年の売上高を見ると，総額 460 億ドル（約 4 兆 3700 億円）に上る売上のうち，直営サイトとパートナー経由をあわせて，95% が広告事業によるものです（図表 2-3）。広告事業とは，Web サイトに広告主を募り，閲覧された程度に応じて広告主から広告料を得る事業です。

図表 2-3　グーグルの事業別売上高（2012 年）

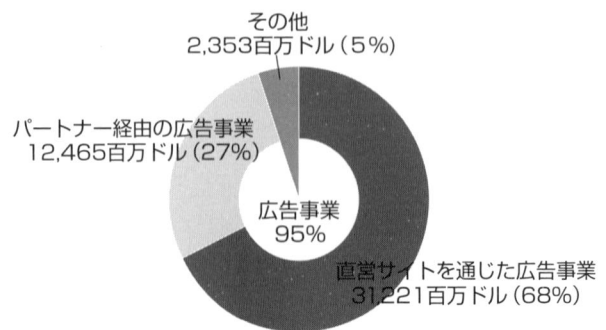

その他
2,353百万ドル（5%）
パートナー経由の広告事業
12,465百万ドル（27%）
広告事業
95%
直営サイトを通じた広告事業
31,221百万ドル（68%）
出所：Google Annual Report

グーグルは，非常に多くのサービスを提供していますが，実は直接売上高に結び付くサービスは非常に少ないのです。

　さまざまなジャンルで膨大な情報を収集し，それを使いやすく加工してユーザに無料で提供することで多くのユーザを惹きつけ，広告収入を増やす——これがグーグルの基本的な戦略です。

　スマートフォンにおいて圧倒的なシェアを占めるAndroidも，無償で提供されるオープンソースのOSです。オープンソースとは，ソースコードが公開されているプログラムです。それは，誰でもそのプログラムの内容を知ることができ，誰でも好きなように変更できることを意味します。Androidもまたそれ自体から売上を得ることは考えていないわけです。しかし，Androidがあるからこそこれだけスマートフォンが普及し，それによってスマートフォン経由でもグーグルの検索エンジンが使われ，広告収入が増えるわけです。

　グーグルは，Androidに限らず，ほとんどすべてのサービスを無料で提供しますから，圧倒的な価格競争力もあります。それがまた多くのユーザを惹きつける好循環を生んでいます。

細分化して損益を管理しない

　このような戦略を可能にしている背景には，管理会計に対するグーグル独自の考え方があります。

　2007年にグーグルに入社し，2009年1月から2010年4月までグーグル日本法人代表取締役社長を務めた辻野晃一郎氏は，その著書の中で非常に興味深いことをいっています。少々長くなりますが，ここではそのまま抜粋します。

　　簡単にいうと，グーグルは，ここ（＝広告事業）で潤沢な資金を稼ぎ出し，それをインターネットやクラウド・コンピューティングの発展の

ために惜しみなく再投資している．そしてネット環境やクラウド環境を進化させることが，インターネットユーザやトラフィックの数をどんどん増やし，結果的には自分たちの広告収入の増加に還元される，という大きくて盤石な循環系を成立させている．

　普通の会社だったら，採算管理のために事業部制を敷くなどして，小さな生態系，循環系をたくさん作るのが一般的である．(中略)

　しかし，グーグルの場合はそうではなくて，オンライン広告という収入源が片方にあって，グーグル全般の活動資金稼ぎはすべてそこに任せている．その上で，それ以外の活動，たとえばストリートビューやアンドロイドなどには，特にビジネスモデルは存在せず，そこで細かな採算の心配をする必要はない．

　事業部制を採用している普通の会社では，どんなに優れた技術も，ある限られた時間軸の中のどこかでプロダクツにして売らねばならないので，徹底的に技術だけを追い求める，というような基本スタンスはとりにくいが，グーグルの技術陣の場合は，自分達がインターネットやクラウドの世界に革新をもたらす技術や活動だと思うことに関して，お金のことは心配せずに，そこだけに自分の才能とエネルギーを集中して投下し続けることができる．その結果，営利企業でありながら，アカデミックな公共機関のような面を併せ持っているということがいえる．

　もしもグーグルが，オンライン広告事業部，アンドロイド事業部，グーグルマップ事業部などと，並みの会社のように全体を細かく分断してそれぞれに採算モデルを適用していたら，アンドロイドの開発も，ストリートビューの実現も到底不可能であろう．アンドロイドやクローム OS のようなプラットフォームは短期間に広く行きわたることが重要で，ここで採算を気にして有料化などを行ってしまえば普及の大きな障害ともなる．

　また，ストリートビューなどは到底コストに見合わない活動として承認されないだろう．グーグルでは，内部の活動を，非常にシンプルに，収益をあげることに特化した活動と，それ以外の活動というふうに区分

けすることによって，インターネットやクラウドの進化のための大胆で思い切った活動を可能にしているのだ。

上記のことから分かることは，グーグルの管理モデルは管理単位を一切細分化しない管理モデルだということです。極限まで管理単位を細分化するアメーバ経営とは，対極に位置する管理モデルといえます。

"生態系モデル"から得られる示唆

グーグルにおける管理会計の特徴は，企業全体を有機的な生態系と捉えている点にあるといえます。Google Mapsもストリートビューも Androidも，それ自体は売上を生みませんが，それらがあるからグーグル関連サイトに対するアクセスが増え，広告収入も増えるという密接不可分な関係にあります。このような生態系を，管理目的で人為的に切り刻むことは意味がありません。筆者はグーグルのこの管理モデルを"生態系モデル"と呼んでいます。

このような生態系モデルが成り立つのは，ネット系ビジネスならではというところもあるかもしれません。しかし，顧客に対して多面的に事業を展開し，事業間のシナジー効果を高めることは，複数の事業を営んでいるかぎり，あらゆる業種の企業にとって重要なことです。その意味では，管理単位を細分化しない生態系モデルは，多くの企業にとって参考になる考え方だと思われます。

そもそも，管理単位を細分化するのは，管理を簡単にするためです。「会社全体の利益を増やせ」といわれても，雲をつかむような話でどこから手を付けていいか見当もつきませんが，「あなたの部門の利益を増やせ」といわれれば，具体的なイメージがわきます。

黒字の足し算は絶対に黒字ですから，細分化した管理単位のそれぞれで利益が出ていれば，会社全体としても利益が出るという，きわめて単純な

発想です。

　その根底にあるのは,「ベストパフォーマンスの足し算はベストパフォーマンス」という考えです。確かに,すべての事業や製品が好調であることに越したことはありませんが,現実的にはそうはならないと分かっているからこそ,多品種化や多角化を行っているはずです。すべての製品や事業にはライフサイクルがあり,良いときもあれば悪いときもありますから,それらの製品や事業が互いに助け合うことによって,全体として所定の利益が出ればいいはずです。

　管理単位を細分化し,すべての管理単位にベストパフォーマンスを求めるのは,悪い意味での個人主義的発想です。個別最適の足し算が全体最適になるとはかぎりません。

　グーグルの生態系モデルは,利益責任がいちいち問われない組織を許容する経営管理モデルです。その結果,数多くのイノベーションが生まれ,世界でも有数の高成長・高収益企業になっているという事実は示唆に富みます。

　生態系モデルは,助け合いモデルでもあります。助け合いの精神は日本の良さの1つであるはずです。それは,東日本大震災のときの被災地の方々の行動を見ても分かります。あの極限状態の中,暴動も略奪もほとんど起きずに皆が助け合っている姿は,海外のメディアで驚きをもって繰り返し報道されました。それを考えると,日本人のもつ助け合いの精神は,他国からは真似しようのない日本人の強みなのかもしれません。

　事業においてイノベーションを引き起こすためには,経営管理にもイノベーションが必要です。そのためには,日本人ならではの強みを活かした経営管理を考えることが重要です。グーグルの生態系モデルはその1つのヒントかもしれません。

【参考文献】
ケン・オーレッタ著,土方奈美訳『グーグル秘録』文芸春秋社,2013年。
雨宮寛二『アップル,アマゾン,グーグルの競争戦略』NTT出版,2012年。
辻野晃一郎『グーグルで必要なことは,みんなソニーが教えてくれた』新潮社,2010年。

CASE 7 なぜウォークマンはiPodに敗れたか
—大企業になったソニーと生態系のアップル—

　かつて音楽を外で聴くための手段といえば、ソニーのウォークマンが定番中の定番でした。それが、今やナンバーワンの座にいるのはアップルのiPodです。

　なぜ、ソニーのウォークマンはアップルのiPodに敗れたのでしょうか。その一因として、実は管理会計の違いがあるのです。本ケースも、キーワードは「生態系」です。

デジタルハブ戦略から生まれたiPod

　2001年10月23日、スティーブ・ジョブズはステージの壇上で、ジーンズのポケットから真っ白に輝くiPodをとりだしました。これがiPodが世に発表された瞬間です。

　「こんなに小さいのに1000曲も入るし、ポケットに入れて持ち歩くこともできるんだ」とジョブズがいったように、小さくて薄いのにもかかわらず、大量の音楽を入れられる容量の大きさがiPodの1つの特徴です。しかし、iPodの本当の優位性はiPodだけでは語れません。iPodは、音楽コンテンツとネットワークを含む"生態系"の一部を構成するハードウェアに過ぎないのです。

　2001年に入り、パーソナルコンピュータの売れ行きに陰りが見え始めたとき、ジョブズは自社のパーソナルコンピュータであるMacを、音楽プレーヤーからビデオレコーダー、カメラに至るさまざまな機器を連携させる「デジタルハブ」にするという構想を打ち出しました。

このような発想が出てくるのは，ジョブズが文系と理系の交差点，人文科学と自然科学の交差点，テクノロジーとアートの交差点に立つ人間であり，また，そういう交差点に立つ人間こそが最も偉大だと考えていたことと無縁ではないでしょう。

　デジタルハブ構想の下，先に完成したのは，パーソナルコンピュータ用の楽曲管理ソフトであるiTunesでした。そして，このiTunesを最大限に活用すれば，ポータブルな音楽プレーヤーはシンプルにできると気づいたのです。

　元々，シンプルであることを非常に好み，そうであることがユーザにとっても使いやすいと信じるジョブズは，iPodを徹底的にシンプルにしました。ジョブズはこう語っています。

　「iPodを本当に使いやすくするためには，iPodにできることを制限する必要があった。制限した機能はコンピュータ側のiTunesにもたせればいい」

音楽業界を説き伏せる

　もう1つ，そして最もジョブズが力を入れたのが，音楽業界を巻き込むことでした。iPod，iTunes，コンピュータがシームレスにつながった結果，ユーザは非常に快適に好きな音楽を楽しむことができるようになりましたが，一方ではネット経由で無料ダウンロードできる海賊版サービスが問題になり始めていました。

　単にiPodというハードウェアを大量に売ることだけを考えれば，海賊版を黙認するという選択肢もアップルにはあったでしょう。しかし，知的財産が盗まれるのを嫌い，何より音楽を愛するジョブズは，iTunesストアを作り，デジタル化した楽曲をそこで販売できるよう，音楽レーベル大手5社を自ら説得して回ったのです。

　そして実現したのが，1曲99セントの価格設定と，アルバムをばらば

らにして曲単位で販売することでした。

　この実現にジョブズがどれほど力を入れたかは，「自らのために正しいことをしてくれと説得して歩くのにあれほど時間を使ったことはなかったよ」とジョブズ本人が語っていることからも分かります。

　iTunesストアを初めて見たとき，マイクロソフトのウィンドウズ開発担当役員は，「やられたよ」という電子メールを他の役員たちに送ったそうです。そのメールはわずか2行。もう1行には，「どうやって音楽業界を巻き込んだんだ？」とあったそうです。

社内がバラバラのソニー

　ネットワークで音楽を配信する仕組みとそれを再生するプレーヤーを最初に作ったのはアップルだと思っている人が多いかもしれませんが，実は最初にそれをやったのはソニーでした。

　しかし，iPodの発売に先立ち，ソニーが1999年9月に発売した「メモリースティックウォークマン」や2000年5月に発売した「ネットワークウォークマン」は，まったく使い物になるような代物ではなく，売れ行きは惨憺たるものでした。

　その理由は，ソニーグループ内の音楽レーベル側に配慮し過ぎた結果，著作権者を厳格に保護する当時の国際ルールを忠実に遵守した仕様にしたため，ユーザにとっての使い勝手が極端に悪くなったためでした。自ら独自の業界ルールを作り上げたアップルとは対照的です。

　そうこうしているうちに，ソニーは一夜にしてアップルに牙城を奪われる結果となったのです。

　危機意識を強めたソニーがようやく重い腰を上げたのは，携帯音楽ビジネスにおけるアップルの優位性がすでに決定的となった2004年11月でした。それまでのハードウェア側と音楽コンテンツ側のばらばらの動きを改めようと，日本のハードウェア部隊と米国の音楽コンテンツ部隊を統合し

た「コネクトカンパニー」が設立されました。

　ところが，コネクトカンパニーの立ち上げは最初から難航しました。コネクトカンパニーは，日本のハードウェア担当プレジデントと，米国の音楽コンテンツ担当プレジデントの共同責任体制という形がとられましたが，両者の溝は埋まらず，対立は深まるばかりでした。さらに，従来からウォークマンを管轄していた部隊からは敵対視される始末です。

　実は，ユニバーサル・ミュージックは，ジョブズからiPodの構想を聞かされるまでの2年間，ソニーに協力してきた経緯がありました。しかし，担当者の間で「ソニーじゃどうにもならないぞ」という話になり，ソニーを見限ったのです。

　ソニーにはウォークマンというポータブル音楽プレーヤーの実績もあれば，VAIOというパーソナルコンピュータもあります。ソニー・ミュージックという素晴らしいレーベルもあれば，それをネットで配信する仕組みを最初に作ったのもソニーなのです。ハード，ソフト，コンテンツと，アップルと同じことをするのに必要なすべてのものが揃っているのに，それでもうまくいかなかったのです。

　ソニーを見限ったユニバーサル・ミュージックの担当者は，ソニーの失態を「史上有数の失策」といっています。そして，こうもいっています。

　「アップルの場合，社内で協力しない部門は首が飛びます。でも，ソニーは社内で部門同士が争っていました」

消費者はモノではなくコトを求めている

　再生するメディアが初期のカセットテープやCDだった頃の再生プレーヤーは，小さなところに複雑な駆動装置を詰め込んだ精密機器でした。そのような時代にはハードウェアの性能が重要であり，消費者もハードウェアの信頼性や音質に高い関心をもっていました。

　しかし，インターネットによって，人々の音楽の楽しみ方はまったく変

わりました。

　人々が欲しているものは，ポータブルな音楽再生プレーヤーという「モノ」ではありません。音楽を自在にネットからダウンロードし，好きな曲をいつでもどこでも聴けるという「コト」を欲しているのです。

　そのために重要なのはハードウェアの優劣ではなく，音楽コンテンツ，インターネット，プレーヤーのすべてを連携して，全体として優れた生態系を作り上げられるかどうかです。

　それにもかかわらず，ソニーは音質の良さやバッテリーの持ち時間，さらには防水加工など，依然としてハードウェアの優劣にこだわり続けました。その結果，行き着いたのがノイズキャンセラであり，ウォータープルーフです。しかし，消費者が選んだのは，音質でもデバイスのクォリティでも劣るiPodだったのです。

　競争ルールがすっかり変わってしまったのに，ソニーはそれについていけなかったのです。

　これからのクラウド・コンピューティングの時代には，ほとんどすべてのデータやコンテンツはネットワークの向こう側にいってしまいます。高速のネットワークがますます張り巡らされれば，音楽を手元の再生プレーヤーにダウンロードすることさえなくなるでしょう。そうなると，再生プレーヤーというハードウェアの付加価値はほとんどなくなります。

　全体を生態系として捉え，再生プレーヤーをその一部と考えられれば，ハードウェアの付加価値がなくなることは許容できます。しかし，ハードウェアをハードウェアとしてだけ捉えていると，その付加価値がなくなることは許容できません。

損益計算書は1つだけ

　ハードウェア，ソフトウェア，コンテンツと，すべての要素が揃っているのに，ソニーのウォークマンがiPodに敗れたのはなぜでしょうか。

失敗の第1の理由にあげられるのは，組織間のセクショナリズムです。
　コネクトカンパニーは，iTunes と同様の機能をもつ CONNECT Player を 2005 年 5 月に発表しました。これに関して，当時，ニューヨークタイムズはこう報じています。
　「この動きは，衝突することが多いソニーのエレクトロニクス部門とコンテンツ部門をまとめるためのものだろう。ウォークマンを発明し，ポータブルオーディオ市場最大のプレーヤーであるソニーが，アップルに完敗したのは，この社内抗争にあるといわれている」
　しかし，その CONNECT Player も 3 年足らずで事実上サービスを終了します。立派な大企業になってしまったソニーは，結局組織間のセクショナリズムを乗り越えられなかったのです。
　失敗の第2の理由は，ソニーがカニバライゼーション（食い合い）を恐れたからでしょう。デジタル化した楽曲を簡単に共有できる音楽プレーヤーとサービスを作ると，音楽 CD 等の売上には悪影響が考えられます。それを心配したのです。
　しかし，ジョブズは「カニバライゼーションを恐れるな」ということを事業の基本原則としています。ジョブズはいいます。「自分で自分を食わなければ，誰かに食われるだけだからね」と。だからこそ，iPod の売上が落ちると分かっていても iPhone を出せるし，iPhone の売上が落ちるかもしれないのに iPad を出せるのです。
　そして第3の理由が，管理会計の仕組みです。現 CEO のティム・クックがまだジョブズの部下だった頃，次のような印象的なことをいっています。
　「アップルには，損益計算書をもつ"部門"はありません。会社全体で損益を考えているのです」
　つまり，全社で損益計算書は1つしかないのです。ジョブズがすべての部門をコントロールしているため，普通の会社に見られるような部門別損益管理という考え方はないのです。これは，独立採算制の非常に強いカン

パニー制をとるソニーとはきわめて対照的な管理会計の仕組みです。

アップルの考え方は，CASE 6で取り上げたグーグルの生態系モデルと基本的に同じといえます。ただし，グーグルとアップルとでは決定的に違うことがあります。それは，グーグルはほとんどすべての製品・サービスが無償であるのに対し，アップルはすべて有償であることです。

グーグルは，オンライン広告収入以外，Google Maps や Android などの製品・サービスは基本的にすべて無償です。無償であれば，それらの損益を管理しないのはむしろ自然です。

それに対してアップルは，音楽コンテンツも iPod も Mac もすべて有償です。普通の感覚では，それぞれの損益が気になるはずです。それにもかかわらず，全社でただ1つだけの損益計算書を管理しているのです。厳格な独立採算制の下，部門間のコンフリクトに身動きがとれなくなったソニーとは対照的です。

では，なぜアップルはそんなことができたのでしょうか。そこにはやはり，スティーブ・ジョブズというカリスマ型のリーダーの存在があります。

ソニーにもかつては盛田昭夫というカリスマ型のリーダーがいました。

カリスマ型のリーダーがいるうちはいいのに，そのようなリーダーがいなくなると誰も全体最適を考えなくなり，会社の存続さえ危うくなるというのは共通した現象なのかもしれません。ソニーのみならず，2011年度から2012年度にかけて連続して巨額の赤字に陥ったパナソニックやシャープを考えてみてください。かつては松下幸之助，早川徳次というカリスマ型の創業社長がいました。彼らは今や，若い人たちは名前も知らない伝説の人になってしまっています。

だからといって，カリスマ型のリーダーの出現を待望するのは非現実的であり，逃げの発想でもあります。そんなヒーローはなかなかいません。

スティーブ・ジョブズのように天才でもなければカリスマ性もない，ごく普通の人たちの集団である圧倒的多数の会社が，いかに全体最適を考えられるようになるか。それこそが，最も考えるべきことでしょう。

「ウチのトップはリーダーシップがなくて困るよ」と評論家然として嘆いている自分自身に向かって、「じゃあ、自分はリーダーシップを発揮しているのか？」と自問することが、最初にやるべきことかもしれません。

【参考文献】
ウォルター・アイザックソン著、井口耕二訳『スティーブ・ジョブズⅡ』講談社，2012年。
辻野晃一郎『グーグルで必要なことは、みんなソニーが教えてくれた』新潮社，2010年。

関連理論の解説 2-1

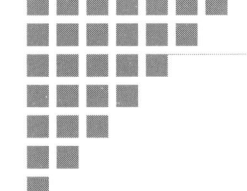

配賦について考える

　本章では管理単位の細分化・非細分化に焦点を当てていますが，管理単位を細分化するときに避けては通れない問題として配賦があります。そして，配賦はいろいろと悩ましい問題を含んでいます。
　ここでは管理単位の細分化に関連するテーマとして，配賦について考えてみましょう。

ケース1：内製・外注の意思決定

　これから3つのケースを考えてみたいと思います。まず，次のケースを考えてみましょう。
　自社で製造している製品Pがあります。製品Pの製造原価は1個100円です。
　今，コスト削減の観点から製品Pを内製から外注に切り替えることを検討したいと考えています。ある外注候補先企業からは「お宅の製造原価が1個100円なら，当社では1個80円で請け負いますよ」といわれました。
　さて，コスト削減のためには，外注した方がいいでしょうか。
　内製すれば1個100円，外注すれば1個80円ですから，外注した方が1個当たり20円のコスト削減になるように思えます。
　果たして，そうでしょうか？
　ここでの正しい答えは，「これだけでは分からない」です。
　「1個100円」といわれれば，1個多く作るごとに100円かかり，1個作るのをやめれば100円削減できると考えるのが普通ですから，上のように

考えるのも無理はありません。

　しかし，この「1個100円」はいろいろな費用が複合的に計算された結果のはずです。その中には，1個作るのを止めたら実際になくなる費用もあるでしょうが，作るのを止めてもなくならない費用もあるはずです。ですから，100円の内訳が分からなければ判断はつきません。

　では，製造原価の内訳が以下のとおりだったらどうでしょう。

直接材料費	50円
直接労務費	30円
製造間接費	20円
合　　計	100円

　ここで，直接材料費は製品Pの原材料費，直接労務費は製品Pの製造に直接携わる正社員の労務費，製造間接費は工場全体で発生している減価償却費などの費用で，外注の有無に関係なく固定的に発生する費用です。外注しても正社員をクビにすることはせず，同一条件で雇用し続けるとすれば，直接労務費と製造間接費は，外注したからといって削減されません。外注によって削減できるのは，唯一直接材料費だけです。

　したがって，外注することによって削減できるコストは1個当たり50円，新たに発生するコストは外注費として1個80円ですから，外注することによってかえってコストが増加することになります。したがって，ここでは外注せずに，内製し続けた方がいいということになります。

　このように，配賦した後の数値で意思決定をすると，重大な意思決定の過ちを犯す可能性があります。

　その原因は，配賦によって「1個当たり」のコストが計算されているために，知らないうちに固定費が変動費であるかのように扱われてしまっているからです。

　一般的には，「製造原価1個100円」という数字だけが独り歩きをします。問題意識をもって然るべき人から聞き出さなければ，その内訳など知ることさえありません。

ケース２：共有コピー機の費用負担

今度は以下のようなケースを考えてみましょう。

営業１課と営業２課が共同で使っているコピー機があります。このコピー機はリース物件で，毎月 10,000 円の固定リース料を支払っています。

コピー機を使う際は，各課ごとに分けられたカードを差し込んで使うことになっており，これによって課ごとにコピー枚数をカウントできるようになっています。

月額リース料は，このコピー枚数に応じて各課に配賦されるようになっています。

ある月のコピー枚数は営業１課，営業２課とも 600 枚ずつでした。この月のリース料の配賦額はそれぞれいくらでしょうか。

これは簡単な問題です。以下のように両課とも 5,000 円ずつになります。

$$営業１課：10{,}000 円 \times \frac{600 枚}{600 枚 + 600 枚} = 5{,}000 円$$

$$営業２課：10{,}000 円 \times \frac{600 枚}{600 枚 + 600 枚} = 5{,}000 円$$

さて翌月は，営業１課は変わらず 600 枚でしたが，営業２課は 400 枚に減りました。この月のリース料の配賦額はそれぞれいくらでしょうか。

この場合は，それぞれ以下のようになります。

$$営業１課：10{,}000 円 \times \frac{600 枚}{600 枚 + 400 枚} = 6{,}000 円$$

$$営業２課：10{,}000 円 \times \frac{400 枚}{600 枚 + 400 枚} = 4{,}000 円$$

さて，皆さんが営業1課または営業2課の当事者だったら，この結果をどう思うでしょうか？

営業2課であれば，この結果は特に何の問題もないでしょう。なぜならば，営業2課はコピー枚数が減ったわけですから，それに伴ってリース料の配賦額が少なくなることは当然のことだからです。

ところが営業1課はどうでしょう。営業1課のコピー枚数は前月と何も変わっていません。それなのに配賦額が1,000円増えています。これは，営業1課としては到底容認できないはずです。

なぜこのようなことになったのかといえば，営業2課のコピー使用量が減ったことによって，相対的に営業1課の使用比率が増えたからです。

このようなことが起こるのも配賦が原因です。配賦という手続きは，元々固定費であるものをどこかに割り振る手続きですから，営業1課自身が何も変わらなくても，他の課の使用量の変化によって相対的使用量が変わってしまえば，このように配賦額が変わってしまうのです。

ケース3：部門別損益管理

最後に，次のケースを考えてみましょう。

当社は部門別損益管理を行っています。図表2-4は直近の部門別損益です。売上高，売上原価，販売費，給料はそれぞれの部門ごとに発生します。全社で発生するオフィスの賃料と本社費はそれぞれの部門に配賦しています。

さて，当社の問題はどこにあるでしょうか？図表2-4では部門Zが赤字になっています。これを見るかぎり，部門Zに問題があるように見えます。

しかし，賃料と本社費は会社全体で発生している費用です。それを踏まえれば，図表2-4は図表2-5のように書き換えた方が実態に即しています。すなわち，賃料20百万円と本社費60百万円，合計80百万円の共通固定費が全社的に発生しており，それを各部門個別の利益がみんなで回収しているということです。

図表2-4 問題はどこにあるか？

(単位：百万円)

	部門X	部門Y	部門Z
売上高	100	120	150
売上原価	60	70	90
売上総利益	40	50	60
販売費及び一般管理費			
販売費	9	9	10
給与	10	12	16
賃料	4	4	12
本社費配賦額	15	21	24
販売費及び一般管理費合計	38	46	62
営業利益	2	4	△2

図表2-5 「部門利益」が見えるカタチ

(単位：百万円)

	部門X	部門Y	部門Z	全社
売上高	100	120	150	
売上原価	60	70	90	
売上総利益	40	50	60	
販売費及び一般管理費				
販売費	9	9	10	
給与	10	12	16	
部門利益	21	29	34	84
賃料				20
本社費				60
営業利益				4

　図表2-5を見ると，部門Zは問題があるどころか，最も多くの部門利益を生み出しており，共通固定費の回収に最も貢献していることが分かります。

　そうなると，もしかしたら部門Xや部門Yにも問題はなく，本当の問題は共通固定費である賃料や本社費が高過ぎることにあるのかもしれませ

ん。つまり，不必要に家賃の高いオフィスに入居していることが問題なのかもしれませんし，売上を生まない本社に無駄に多くの従業員がいることが問題なのかもしれないのです。

しかし，そうだとしても，図表2-4のカタチからはそのことは見えてきません。共通固定費を配賦しているからです。

配賦という手続きは，自らは回収できない費用を他部門に振って，「その配賦額を超える利益を出しなさい」という手続きです。細切れにされて他部門に振られてしまっては，賃料や本社費そのものの妥当性は問われなくなってしまいます。賃料や本社費に問題がある場合，それを下げられるのは本社しかありません。しかし，賃料や本社費の妥当性が問われることなく配賦されて他部門の利益に帰せられるということは，本社の責任を他部門に転嫁していることに他なりません。

配賦に潜む落とし穴

3つのケースを見てきましたが，ここで改めて配賦に潜む問題点を整理してみましょう。

1つ目の，内製し続けるべきか外注すべきかというケースでは，配賦によって意思決定を誤る可能性があることが問題でした。これは，本来固定費であるものが配賦という手続きによって1個当たりの費用に分配されたことによって，あたかも1個当たりの費用に見えてしまうことが原因です。個数や時間などの単位当たり費用を計算する際には常に付きまとう問題です。

2つ目のコピー費のケースでは，費用の配賦額は他部門の影響を受けてしまうことが問題でした。配賦とは，本来固定費であるものを按分する手続きですから，自部門が何も変わらなくても，他部門の変化によって自部門の相対的負担比率が変わるからです。

3つ目の部門別損益管理のケースでは，費用に関する責任転嫁が起こる

ことが問題でした。配賦とは，費用の回収責任を他に付け替える手続きです。本社などのコスト・センターの費用は自ら回収できませんから，その回収を他のプロフィット・センターに委ねるのは必然です。しかし，発生元における費用の妥当性が検証されないまま他部門に付け替えられると，発生元における費用削減責任が，付け替えられた部門の利益責任にすり替えられる可能性があります。

配賦を無批判に受け入れるのは危険

配賦の計算に実際に携わっているごく限られた人を除いて，企業内で働いているほとんどの人は，配賦のメカニズムも知らなければ，それに伴うこのようなリスクも認識していません。それだけに，企業内では配賦後の利益が無批判のまま独り歩きするのが常です。

しかし，配賦には常にここであげたような問題が付きまといます。無批判に配賦後の利益を鵜呑みにしていると，とんでもない判断ミスを犯したり，まったく間違ったマネジメントにつながったりします。

関連理論の解説 2-2

ABC(Activity Based Costing)

　間接費の配賦は，やり方によって計算結果はいくらでも変わります。それだけに，合理的な配賦計算が行われないと重大な意思決定のミスにつながりかねません。ここでは，合理的な配賦方法の1つとされるABC（Activity Based Costing：活動基準原価計算）について解説します。

従来の配賦計算

　製造業を例にとり，まずは従来の配賦について見ていきましょう。

　間接費には，間接材料費や間接労務費，そして減価償却費や電力費，保険料，通信費などの間接経費がありますが，従来の方法ではこれらを製造間接費として1つにまとめます。そして，典型的には人的作業時間や機械時間などの配賦基準にもとづき，この製造間接費を製品に配賦します。製造間接費の取りまとめと配賦基準の選択は部門ごとに行うのが原則ですが，やっていることの本質は，間接費を1つにまとめ，単一の配賦基準で配賦することです（図表2-6）。

図表2-6　従来の間接費計算

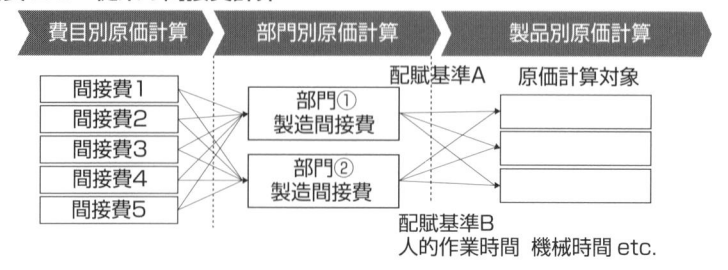

例として，2つの製品A，Bを製造しているケースを考えてみましょう。両製品に共通にかかる1ヵ月の製造間接費は以下のとおりです。

間接労務費	20,000,000 円
減価償却費	14,000,000 円
保守費	10,000,000 円
製造間接費	44,000,000 円

当社では製造間接費の配賦基準として製造時間を用いています。製品A，Bとも当月は1,000個ずつ製造しており，それに対する製造時間はそれぞれ300時間，200時間でした。このとき，製品A，Bに配賦される製造間接費はそれぞれ以下のようになります。

$$製品 A：44,000,000 円 \times \frac{300時間}{300時間 + 200時間} = 26,400,000 円$$

1個当たり 26,400,000 円 ÷ 1,000 個 = 26,400 円

$$製品 B：44,000,000 円 \times \frac{200時間}{300時間 + 200時間} = 17,600,000 円$$

1個当たり 17,600,000 円 ÷ 1,000 個 = 17,600 円

従来の方法はドンブリ計算

　上記のような方法は，現在においても圧倒的多数の企業で行われている配賦方法ですが，この方法は2つの点でドンブリ計算になっています。1つは，製造間接費という1つのドンブリにすべての間接費を放り込んでいる点，もう1つは，すべての間接費と必ずしも相関性のないたった1つの配賦基準で配賦している点です。
　この方法は，1962（昭和37）年に制定された「原価計算基準」にもとづく方法です。1962年といえば，日本初の電卓が世に登場した1964年よ

りも前のことです。当時は製造間接費の重要性が相対的に低かったことに加え，まだそろばんが主役だったため，ドンブリ計算であることを承知の上で計算の簡便性を重視せざるを得なかったのでしょう。

しかし，1980年代になって米国がドンブリ計算を許容できない状況に陥りました。

1980年代といえば日本経済が絶頂期の頃です。製造業においても，米国は多くの分野で日本にシェアを奪われていた時代です。その理由の1つは米国のコスト競争力の低さです。そのときに，従来のようなドンブリ計算では的確なコスト・マネジメントができないという考えに至ったのです。そして誕生したのがABCです。

間接費をまとめず，個々に配賦基準を選択

ABCはActivity Based Costingですが，ABCの計算メカニズムにおいてアクティビティ，すなわち活動は本質的なポイントではありません。実際，計算を簡略化することを目的に，アクティビティへの配賦を省略するTDABC（Time-Driven Activity Based Costing）という方法もその後に考え出されています。

ABCの計算メカニズム上のエッセンスは，製造間接費を合算せずに，それぞれの製造間接費と相関性のある配賦基準を個々に選択するところにあります（図表2-7）。従来のドンブリ計算である主な原因を解消しているわけですから，ABCの計算が合理的になるのは当然といえば当然です。

では，なぜActivityなのかというと，ABCを最初に考えた人が，コスト・オブジェクトは一連の活動の結果生成され，その活動がリソース（経営資源＝費用発生源）を消費することによって間接費が発生するという考えにもとづき計算モデルを構築したからです。たとえば，通信費は誰かと通信するから発生し，旅費交通費は誰かが移動するから発生します。

このモデルにもとづけば，図表2-7のように個々の間接費をまずアク

ティビティに配賦し,次いでアクティビティに配賦されたアクティビティ・コストをコスト・オブジェクトに配賦します。リソースからアクティビティへの配賦基準をリソース・ドライバ,アクティビティからコスト・オブジェクトへの配賦基準をアクティビティ・ドライバといいます。両者を総称してコスト・ドライバといいます。

図 2-7　ABC による間接費計算

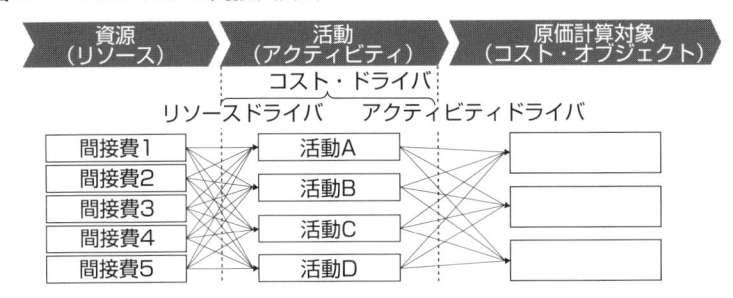

```
     資源              活動            原価計算対象
  （リソース）     （アクティビティ）  （コスト・オブジェクト）
                   コスト・ドライバ
           リソースドライバ　アクティビティドライバ

  ┌─────┐      ┌─────┐
  │間接費1│      │ 活動A │
  ├─────┤      ├─────┤         ┌─────┐
  │間接費2│      │ 活動B │         │     │
  ├─────┤      ├─────┤         ├─────┤
  │間接費3│      │ 活動C │         │     │
  ├─────┤      ├─────┤         ├─────┤
  │間接費4│      │ 活動D │         │     │
  ├─────┤      └─────┘         └─────┘
  │間接費5│
  └─────┘
```

ABC による計算

　先ほどの例を ABC によって計算してみましょう。

　製品 A,B を製造するためのアクティビティは技術検討,設計,調達,製造,検査の5つでした。リソース・ドライバの選定と測定値が図表2-8(a)のとおりだったすると,第1段階として同図のように製造間接費を各アクティビティに配賦します。

　次に,アクティビティに配賦されたアクティビティ・コストを,最終的なコスト・オブジェクトである製品に配賦します。アクティビティ・ドライバの選定と測定値が図表2-8(b)のとおりだったとすると,同図のようにアクティビティ・コストが各製品に配賦されます。

　この結果,製品Aへの配賦額は 21,350,000 円,製品Bへの配賦額は 22,650,000 円になり,1個当たりでは,それぞれ21,350円,22,650円となります。

なぜここまで違ったのか

　従来の方法では，製品A，Bに対する1個当たり配賦額はそれぞれ26,400円，17,600円でした。すなわち，従来は製品Bよりも製品Aの方がコストが高かったのに，ABCの計算結果はまったく逆になっています。

　図表2-8(b)のアクティビティ・ドライバを見ると，直接的な製造時間は確かに製品Aの方が多いですが，技術検討や設計などの裏方的な時間については，製品Bの方がはるかに多いことが分かります。つまり，製品Bは見えにくいところで手間がかかっている製品なのです。

　このような傾向は多品種少量生産型のカスタマイズ品などにおいてよく見られます。

　もし，不採算製品から撤退しなければならないとした場合，従来の方法であれば製品Aから撤退し，製品Bを継続することになったでしょう。しかし，もしそのような意思決定をしたら，現場からは「えっ!?やたらと手間がかかる製品Bの方を残すんですか？」という声が上がったに違いありません。

　手間がかかるということは，それだけ多くのリソースを消費しているということです。従来の方法ではそれがコスト情報に反映されませんが，ABCだとそれがコスト情報に反映されるのです。

　これこそが，1980年代の米国企業が手に入れた結果です。従来の大雑把な配賦計算をABCによる精緻な計算でやり直してみたところ，収益性が悪いと思っていた製品は実は収益性が高く，収益性が高いと思っていた製品は実は赤字だったということが分かったのです。

　この情報を手に入れた米国のある大手企業幹部は，「これで日本に勝てる」とほくそ笑んだといわれています。

第2章 管理単位の細分化と非細分化

図表 2-8 ABCによる製造間接費の計算

(a) Step 1: リソース・ドライバによるアクティビティへの配賦

リソース(製造間接費)	金額	アクティビティ・ドライバ	技術検討	設計	調達	製造	検査	合計
間接労務費	20,000,000円	人的作業時間	600時間	400時間	300時間	400時間	300時間	2,000時間
減価償却費	14,000,000円	機械作業時間	200時間	100時間	50時間	1,000時間	50時間	1,400時間
保守費	10,000,000円	保守回数	5回	10回	20回	50回	15回	100回

リソース(製造間接費)	金額	アクティビティ・レート	技術検討	設計	調達	製造	検査
間接労務費	20,000,000円	10,000円/時間	6,000,000円	4,000,000円	3,000,000円	4,000,000円	3,000,000円
減価償却費	14,000,000円	10,000円/時間	2,000,000円	1,000,000円	500,000円	10,000,000円	500,000円
保守費	10,000,000円	100,000円/回	500,000円	1,000,000円	2,000,000円	5,000,000円	1,500,000円
アクティビティ・コスト			8,500,000円	6,000,000円	5,500,000円	19,000,000円	5,000,000円

(b) Step 2: アクティビティ・ドライバによる製品への配賦

アクティビティ	アクティビティコスト	アクティビティ・ドライバ	製品A	製品B	合計	コスト・オブジェクトレート	製品A	製品B
技術検討	8,500,000円	検討時間	80時間	120時間	200時間	42,500円/時間	3,400,000円	5,100,000円
設計	6,000,000円	設計書枚数	15枚	35枚	50枚	120,000円/枚	1,800,000円	4,200,000円
調達	5,500,000円	発注書枚数	50枚	50枚	100枚	55,000円/枚	2,750,000円	2,750,000円
製造	19,000,000円	製造時間	300時間	200時間	500時間	38,000円/時間	11,400,000円	7,600,000円
検査	5,000,000円	検査回数	20回	30回	50回	100,000円/回	2,000,000円	3,000,000円
						製品コスト	21,350,000円	22,650,000円

93

ABMでさらにコスト削減

　ABCはコスト・オブジェクトに対する間接費の集計が目的ですが、その計算途中においてアクティビティにコストが集計されます。これはアクティビティにかかっているコストが明らかになることを意味しています。上記の例でいえば、たとえば「設計」というアクティビティには1月当たり600万円のコストがかかっていることが分かるということです。

　この情報を使わない手はありません。これを使えば、コスト削減するための具体的打ち手が定量的に分かるからです。

　ABCというコスト計算の途中で副産物として分かるアクティビティごとのコスト情報を利用して、間接費のマネジメントをする手法をABM（Activity Based Management：活動基準管理）といいます。

　ABMは、それまでブラック・ボックス同然だった間接費の発生メカニズムをアクティビティによって可視化したという点で大きな意義があります。

　コストを下げるために、「コスト意識をもっと高めるべきだ」などとよくいわれます。しかし、コストを強く念じただけでコストが下がったら超常現象です。もはやオカルトの世界です。

　ABMが教えることは、発生原因となっているアクティビティ、すなわち仕事のやり方を変えなければコストは下がらないということです。大いなる違和感を覚えるほど、仕事のやり方に対して変化を強いられて初めて、意識が変わるのです。「意識を変えましょう」というだけで意識が変わり、コストが下がるほど生易しいものではありません。

関連理論の解説 2-3

ABC は間接費配賦の決定打か？

　1980年代に米国で考案されたABCは，1990年代に入ってから日本でも随分と注目されました。当時は，ABCは間接費配賦の決定打のようないわれ方もしましたが，気を付けなければならない点もいくつかあります。
　ここでは，改めてABC，そして配賦について考えてみたいと思います。

コスト・ドライバの測定が大変

　ABCの本質は細かい配賦計算です。やっていることは所詮配賦です。間接費の計算を"正確"にしているわけではありません。間接費である以上，正確な計算ということはあり得ません。ABCといえども，アクティビティやコスト・ドライバの選定を変えれば，計算結果は変わってきます。計算から恣意性を完全に排除することはできません。
　そしてその細かさゆえ，実務的にはなかなか大変です。それは計算量が多くなるからではありません。計算はコンピュータがやってくれるので，それはほとんど問題になりません。では，何が大変かというと，それはコスト・ドライバの測定です。
　たとえば，コスト・ドライバとして活動ごとの時間がよく使われますが，それは会議，書類作成，移動などの活動ごとに時間を測定しなければならないということです。つまり，毎日，どのような活動にどれだけの時間を使ったかを記録し続けなければならないのです。これは簡単なことではありません。
　ある企業では，5分刻みで時間を測定することにしましたが，記録する

負荷が高過ぎて現場は大混乱になりました。

　コスト・ドライバの測定メッシュを細かくすればするほど，計算が合理的になるような気になりがちですが，あまり細かくしても計算結果が劇的によくなるわけでもありません。時間をコスト・ドライバとするならば30分刻みでも十分な場合がほとんどです。

全コスト集計の呪縛

　ABCは，販管費も含めた可能なかぎりの費用をコスト・オブジェクトに配賦しようというのが基本的考え方です。ABCに限らず，配賦とは可能なかぎりのコストをコスト・オブジェクトに集計する手続きです。

　可能なかぎりのコストをコスト・オブジェクトに集計しようとするのは，管理を簡単にするためです。

　「会社全体の利益を改善しろ」といわれても，雲をつかむような話で，どこから手を付けていいか見当がつきません。しかし，「この製品の利益を増やせ」といわれれば，具体的なイメージがわきます。黒字の足し算は絶対に黒字ですから，製品という最小の単位で利益が出れば，会社全体としても利益が出ます。

　このような管理がしたいために，管理単位を細分化し，そこに配賦という手続きを使って可能なかぎりのコストを押し込めようとするわけです。

すべて黒字である必要はない

　管理単位が細分化されると，すべての管理単位で利益を出そうとするのが人情です。しかし，すべての管理単位が黒字である必要は必ずしもありません。もちろん，すべての管理単位で十分な利益を出せるのに越したことはありません。しかし，現実的にはそれが難しいと分かっているからこそ，分散投資によって多製品化，多角化しているはずです。

どんな会社でも，売れ行きがいい製品とそうでない製品があります。時間軸の中で見れば，すべての製品にはライフサイクルがありますから，いいときもあれば悪いときもあります。それらの製品やサービスが互いに助け合って，全体として所定の利益を出すのが本来のマネジメントです。分散投資の根底にあるのは，このような助け合いの精神です。

一方，細分化した管理単位に可能なかぎりのコストを押し込め，すべてにおいて利益が出なければならないとする考え方は，個人主義的な考え方です。この考え方は，ABCが米国生まれであることと無縁ではないでしょう。

個人主義の根底には「個人のベスト・パフォーマンスの足し算は，組織としてのベスト・パフォーマンス」という考え方があるわけですが，部分最適の足し算が全体最適になるとはかぎりません。むしろお互いが助け合った方が，組織全体のパフォーマンスは上がるのが普通でしょう。

そして，このような助け合いの精神こそ，日本人ならではの強みの1つといえます。それが，外国人には真似しようのない日本ならではのものであることは，東日本大震災においても明らかになりました。被災された方々は筆舌に尽くし難い大変な思いの中，整然と食糧や物資を譲り合い，助け合いました。その姿が海外で報道されると，諸外国からは「こんな状況において，横入りもしなければ暴動も起こさず，お互いが助け合っている姿は信じられない」と称賛されたのは既に述べたとおりです。

確かに，その振る舞いは素晴らしく胸を打つものでしたが，一方で，助け合うこと自体は日本人にとってはごく自然のことだったのではないかと思います。それを，あそこまで「信じられない」と称賛されるということは，日本人の心に普通にある助け合いの精神は，諸外国には真似のできないことだということです。

国際的に競争が激化する今日において重要なことは，何でも欧米化することではありません。真の国際的競争力とは，自国の文化を大切にすることにこそあります。日本的経営はとかく批判の的となることが多く，助け

合いの精神も悪い方に作用すれば責任の所在があいまいになることにつながりますが，良い方に作用すればそれは日本ならではの強みになります。

　欧米的個人主義に根ざしたABCは，気を付けないと，その強みを失いかねないので注意が必要です。

ABCにおける「正しいコスト」

　さらに本質的な話として，ABCが考えるところの「正しいコスト」について考えてみましょう。

　前節の設例において，従来の配賦方法では低く計算されたコストが，ABCでは高くなるということが起こりました。このようなことが起こるのは，従来の方法ではコスト情報に反映されにくかった目に付きにくい手間などが，ABCではコスト情報にしっかり反映されるためです。

　したがって，手間がかかっている製品やサービスのコストは従来よりも高く計算されることになります。そして，それがABCが威力を発揮する1つの典型的な例でした。

　ここで改めて考えておかなければならないのは，上記の考え方の根底にあるのは，「手間がかかった製品やサービスは，コストが高くて当然である」「したがって，そういうものは高い価格で売って然るべきである」「場合によっては，そのようなものは切り捨てても然るべきである」という考え方だということです。さらにいえば，「コストが高くて当然」というのは，客観的事実としコストが高いわけではなく，配賦によって「コストが高く計上されて当然」ということです。

　しかし，手間がかかる製品であっても，会社のビジネスモデルを変えるために戦略的に始めた新しい製品かもしれません。そんな製品に「手間がかかっているから」という理由で多くの間接費を配賦してしまったら，不採算製品と判断されて成長の芽が摘まれてしまうかもしれません。

　一見合理的に見えるABCですが，それを合理的というためには，ABC

が前提としている「正しいコスト」の価値観に共感できることが前提です。

配賦は政策的であって構わない

ここで，改めて配賦をする理由を考えてみましょう。

たとえば，部門別損益計算において，本社間接部門で発生したいわゆる本社費をプロフィット・センターである現業部門に配賦するのは，本社自らは回収できない本社費の回収をプロフィット・センターに委ねるためです。したがって配賦額はその回収分担の割り当てです。

この本来的な配賦の意義に立ち返れば，ABCのような計算技術を駆使した複雑な配賦などしなくても，政策的な配賦でも構わないのではないかという考え方もあり得ます。

たとえば，戦略的に立ち上げたばかりの新規部門Xがあるとします。この部門は将来の高い成長は見込めるものの，立ち上げたばかりなので事業計画上，向こう数年間は赤字になることが分かっています。

このような部門に対して，部門別損益計算でよく見られるように人数比で本社費を配賦したらどうなるでしょうか。部門Xは配賦する前から赤字ですから，本社費を配賦したら赤字の上塗りになるだけです。

本社費の回収に貢献できないことが最初から分かり切っている部門Xに対して，それでも本社費を配賦することに，一体何の意味があるでしょうか。

さらに，一度配賦をしてしまえば，配賦後の利益が独り歩きします。配賦計算のプロセスなど何も知らない人が独り歩きをしている配賦後の利益を見れば，「部門Xは全然ダメじゃないか」と思うことでしょう。そんなことにでもなったら，当面赤字であることなど百も承知で立ち上げたせっかくの将来の成長の芽を，徒に摘んでしまうことにもなりかねません。

このような場合は，従来からの部門に対しては配賦はするものの，部門Xに対しては向こう数年間は配賦をしないという考え方があってもいいと

思うのです。これが，政策的な配賦ということです。

　人数をもとに配賦するのは，機械的であるがゆえに公平かもしれませんが，赤字で回収能力がないことが分かり切っている部門に配賦をするのはおよそ非合理的です。一方，政策的な配賦は不公平かもしれませんが，「配賦は回収分担の割り当て」という観点からすれば，むしろ合理的ではないでしょうか。そして，このように割り切ることができれば，複雑な計算技術を駆使してまで配賦をするよりもはるかにシンプルな仕組みになり，多くの人の仕事も楽になります。

　ただし，このような割り切りができる前提は，たとえば図表2-9のような管理会計のカタチを使っていることが前提になるでしょう。このカタチであれば，強化や撤退，人事上の評価など，管理目的に応じた複数の指標が用意されていますから，配賦後の利益の役割は「割り当てられた回収分担を全うしたかどうかを判断するだけの指標」にすることができるからです。

　逆に，計算技術を駆使してまで複雑な配賦をしようとするのは，配賦後の利益にあらゆる役割を負わせようとしているからではないかと思います。そして，複雑で高度な配賦計算をすれば，万人が納得する万能な指標としての利益が得られるのではないかという，ある種の幻想があるのではないかと思うのです。

　しかし，配賦が配賦である以上，そんな配賦方法などあるはずがありません。そうであるならば，計算技術を駆使した複雑な配賦より，割り切ったシンプルな配賦の方が多くの人の仕事が楽になり，動きやすく働きやすい組織マネジメントになると思うのですが，いかがでしょうか。

図表2-9　政策的配賦の前提となるカタチ

売上高	XXX	
変動費	XXX	
限界利益	XXX	← 強化の判断
管理可能個別固定費	XXX	
管理可能利益	XXX	← 部門長の評価
管理不能個別固定費	XXX	
部門利益	XXX	← 部門の評価
共通固定費配賦額	XXX	
営業利益	XXX	← 共通固定費回収分担の評価

関連理論の解説 2-4

「いかに配賦するか」よりも「何を配賦するか」

　配賦というと，とかく「いかに配賦するか」という配賦の方法論に焦点が当たることが多いようです。ABCなどは正に配賦の方法論です。

　配賦とは，部門別損益計算における本社費などのように，自ら回収できない費用の回収を他部門に委ねる「回収分担の割り当て」というのがその本質でした。そのことを踏まえると，「いかに配賦するか」の前に，「何を配賦するか」が重要です。つまり，「何を回収分担として他部門に割り当てるか」ということです。

　ここでは「何を配賦するか」について考えてみましょう。

部門別損益管理

　図表2-10を見てください。ここでは，売上高営業利益率が目標に達していないことが問題になっているとします。

　さて，全社利益を改善するにはどうしたらいいでしょうか。営業利益がマイナスである部門Cから撤退すればいいでしょうか？営業利益最大の部門Aをもっとテコ入れすればいいでしょうか？

図表2-10　問題はどこにあるか？

（単位：百万円）

	部門A	部門B	部門C	合計
売上高	100	100	100	300
売上原価	48	50	53	151
売上総利益	52	50	47	149
販売費及び一般管理費				
販売費	10	5	10	25
給与	15	15	15	45
IT関連費	6	11	10	27
本社費配賦額	14	14	14	42
合計	45	45	49	139
営業利益	7	5	△2	10

予算超過額を分離する

ここで、もう1つ追加情報があります。実は、本社費予算額として妥当と認められた金額は30百万円でした。

それに対して、本社費の実際発生額は42百万円です。予算超過額12百万円は本社の無駄が原因です。

このような事実がある場合、果たして実際発生額をそのまま配賦していいものでしょうか。

本社費は本社自らは絶対に回収できませんから、他部門に回収責任を負ってもらうことは不可避です。しかし、そこで他部門が負うべき分担額は本社費として妥当とされる額のみのはずです。本社の無駄が原因となっている費用まで負う必要はありません。そんな尻拭いのようなことをしていたら、本社費の妥当性はいつまで経っても省みられないことになり、問題の所在が見えなくなるだけです。

そこで、予算として許容された額だけを各部門に配賦するようにします。具体的には図表2-11のようなカタチにします。ここでのミソは、本社費

の予算超過額を本社費予算差異として分離把握し,それを本社に計上している点です。こうすることによって,本社費が予算を超過している責任は本社にあることを明確にすることができます。

図表2-11　予算超過額を分離する

(単位:百万円)

	部門A	部門B	部門C	本社	合計
売上高	100	100	100		300
売上原価	48	50	53		151
売上総利益	52	50	47		149
販売費及び一般管理費					
販売費	10	5	10		25
給与	15	15	15		45
IT関連費	6	11	10		27
小計	31	31	35		97
部門利益	21	19	12		52
本社費予算配賦額	10	10	10		30
本社費予算超過額				12	12
営業利益	11	9	2	△12	10

本当の問題の所在はどこだ

　本社費の予算許容額だけを配賦した図表2-11を見ると,A,B,Cの各部門とも営業利益がプラスになっていることが分かります。つまり,予算許容額の範囲で見れば,各部門とも営業利益はプラスなのです。

　ということは,当社において本当にやるべきことは,本社が無駄を省いて本社費予算差異をゼロにすることです。どこかの部門の販売を強化することでも,撤退させることでもないのです。

　本社費の実際発生額を無批判に他部門に配賦していると,この当然の事実が見えなくなってしまうのです。

本社費予算差異を分離把握して本社に計上するというのはきわめて単純なアイデアですが，このカタチにするかしないかで話がまったく違ってきます。図表 2-10 のカタチでは，すべての費用を他人に振って「あなた利益を出しなさい」ということになります。それに対して，図表 2-11 のカタチにすれば「発生元が自らの費用を削減しなさい」ということになります。マネジメントの方向性がまったく違うのがお分かりいただけるでしょう。

本社の無駄を削減できるのは本社しかありません。適切なカタチを使わないと，この当たり前の事実が見えなくなり，本当の問題の所在を見失うことになるのです。

逆の流れの"負担金方式"

ここまで説明してきた配賦は，基本的に本社のようなコスト・センターの費用をプロフィット・センターに振り替えるという流れでした。すなわち，振り替えの方向はコスト・センターからプロフィット・センターに向かっています。

これに対して，逆の流れで管理している企業もあります。

事業部制をとるある企業では，事業部がその利益の一部を「負担金」と称して，本社間接部門に振り替えるということをしています。

その企業では，それぞれの事業部について負担金として本社間接部門に振り替える金額があらかじめ定められています。各事業部は利益振替後の残余利益に対して目標値が設定されています。

一方，本社間接部門はコスト・センターですから，単独では費用しか発生しません。この費用を補うために，本社間接部門は各事業部から振り替えられた負担金を収益として計上します。そして本社間接部門の目標は，負担金振替後の利益を 0 以上にすることです。

簡単な例を使って具体的に見てみましょう。

図表 2-12 を見てください。売上高，費用，部門利益はそれぞれ本社を

含む各部門単独のものです。部門利益を見ると，プロフィット・センターである事業部 A, B, C はそれぞれ 40 百万円, 60 百万円, 80 百万円であり，コスト・センターである本社は△120 百万円になっています。

ここで，事業部 A, B, C の負担金がそれぞれ 20 百万円, 50 百万円, 30 百万円と定められているとします。各事業部はこの負担金を本社に振り替え，本社は振り替えられた負担金の合計額 100 百万円を収益として計上します。

仮に，事業部 A, B, C の目標は売上高営業利益率を 10% 以上にすることだとしましょう。一方, 本社の目標は営業利益を 0 以上にすることです。

この場合，事業部 A と C は目標を達成しており，事業部 B と本社は目標を達成していないことになります。

図表 2-12　プロフィット・センターからコスト・センターへ利益振替

(単位：百万円)

	事業部 A	事業部 B	事業部 C	本社
売上高	100	200	150	
費用	60	140	70	120
部門利益	40	60	80	△120
負担金	△20	△50	△30	100
営業利益	20	10	50	△20
	20%	5%	33%	

本社費の妥当額を定めているのと同じ

プロフィット・センターからコスト・センターに対して利益を振り替え，コスト・センターの振り替え後利益が 0 以上になることをよしとする方法は，本社費を一定額に抑える効果をもちます。したがって，この方法でも

本社費の妥当性に目を光らせることができます。

図表2-12の例では，本社費としての妥当額は各事業部からの負担金合計額である100百万円ということです。

これは，図表2-13のように本社費予算差異20百万円を分離把握した上で，本社費を各事業部に配賦する方法と等価です。

図表2-13　配賦による方法

(単位：百万円)

	事業部A	事業部B	事業部C	本社
売上高	100	200	150	
費用	60	140	70	
部門利益	40	60	80	
本社費配賦額	20	50	30	
本社費予算差異				20
営業利益	20	10	50	△20
	20%	5%	33%	

　図2-12の負担金方式の利点を上げるとすれば，それは「本社はあくまでも事業部のために存在する」という意識が醸成されやすいことです。

　本社費を事業部に配賦する方式だと，本社費の発生額ありきで，それを各事業部が当然のように回収するという構図になりがちです。本社費の予算差異を分離把握せずに本社費実際発生額を配賦するような場合はなおさらです。主従関係でいえば，本社が主で事業部が従です。

　このような主従関係だと，知らず知らずのうちに本社は"偉い"存在になってしまいます。

　それに対して，負担金方式の場合は事業部の利益ありきです。本社は事業部から負担金をもらって成り立っているという構図になります。主従関係でいえば，事業部が主で本社が従です。

　このような主従関係では，主役はあくまでもプロフィット・センターで

ある事業部であり，本社はあくまでも事業部をサポートするために存在する"サーバント"であるという意識が自然と醸成されます。

負担金方式の利点をもう1つあげるとすれば，それは本社のようなコスト・センターも利益を目標値にできるという点です。

本社のようなコスト・センターには費用しか発生しませんから，本来，費用しか目標値にできません。

ところが，負担金方式の場合は負担金という収益がありますから，利益を目標値にすることができるのです。

上記の例でいえば，「本社の費用を100百万円以下に抑えなさい」というところを，「本社の営業利益を0以上にしなさい」ということができるということです。

いずれにしてもいっていることは同じです。ただ，「費用を削減しろ」という言い方に比べて，「利益を出しなさい」というのは前向きな言い方であるため，当事者を「よーし，やってやろう」という前向きな気持ちにさせます。

人間は感情をもった動物です。マネジメントとは結局のところ人のマネジメントであることを考えれば，どうせ同じことをいうなら前向きな言い方をした方がいいに決まっています。

負担金方式は事例としてはほとんど見ませんが，一考に値する興味深い方法だと思います。

第3章

コスト・マネジメント

CASE 8 日本航空はなぜ破綻したか

―変動費中心型と固定費中心型―

　本ケースでは，CVP分析（Cost-Volume-Profit Analysis：損益分岐点分析）をとおした事業特性の見方を解説します。本ケースで説明するような見方を知っていると，企業や部門ごとのコスト構造によって，どのような特徴とリスクがあるかが分かり，やっていいコトと，やってはいけないコトが分かります。

変動費と固定費のどちらが支配的か

　まずは図表3-1を見てください。A社，B社とも現在の売上高がx_0だとすると，費用は同じですから利益も同じです。実際に人が観測するのはこのx_0という売上高だけですから，A社とB社は売上高，費用，利益という点でまったく同じに見えます。

図表 3-1　一見同じでも中身は違う

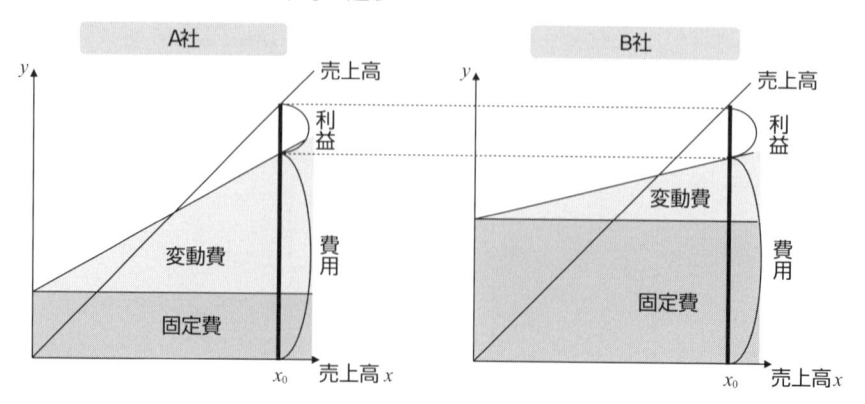

110

しかし，費用を変動費と固定費に分けてダイナミックに見ると，両社の特性の違いが見えてきます。

ポイントは変動費と固定費のどちらが支配的かということです。ここでは変動費の比重が高いコスト構造を「変動費中心型」，固定費の比重が高いコスト構造を「固定費中心型」と呼ぶことにします。

図表3-1についていえば，A社は変動費中心型，B社は固定費中心型です。ここでは企業単位で見ていますが，一般的に事業内容によってコスト構造は変わりますので，必要に応じて部門単位等で見ることも重要です。

また，変動費中心型と固定費中心型は，何らかの判定基準に従って絶対的に分類できるわけではありません。あくまでも相対的な分類ですが，それでも両者の特徴を理解しているといないとでは大違いです。

それでは，両社の特徴を見ていくことにしましょう。

売上高が増加する局面での特徴

変動費中心型と固定費中心型の違いは，変数（ここでは売上高）の増加局面と減少局面に分けて考えると分かりやすいと思います。図表3-2を見ながら，売上高が増加する局面から見ていくことにしましょう。

図表3-2　売上増加面での違い

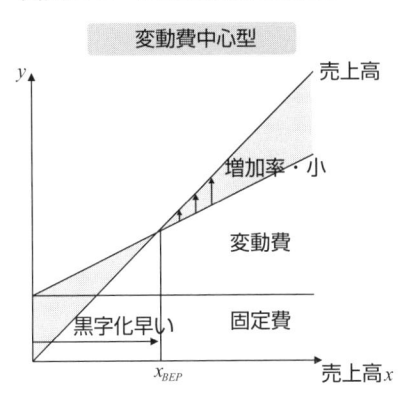

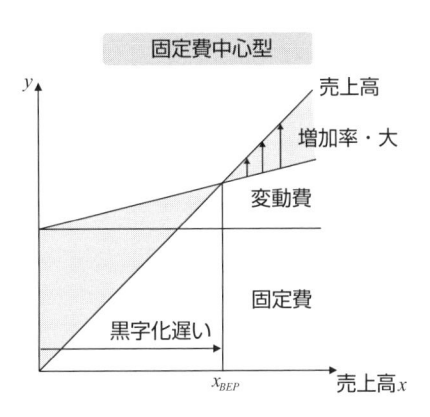

まず，変動費中心型の方が損益分岐点が小さく，固定費中心型の方が大きいことが分かります。ということは，変動費中心型の方が，売上高が小さいうちから利益が出始めるということです。

それでは，損益分岐点を超えてからはどうでしょうか。

変動費中心型の場合，損益分岐点を超えても利益はそれほど急速に増加しません。それに対して，固定費中心型は，損益分岐点を超えた後は急速に利益が増加します。

固定費中心型ビジネスの1つのイメージは，"固定的な仕組み"で稼ぐタイプです。そのようなタイプは原材料等の変動費がほとんどありませんから，成功して一定の規模を獲得した後はお金がチャリンチャリン入ってくるようになるのです。筆者はこれをCCB（チャリンチャリン・ビジネス）と呼んでいます。（専門用語でも何でもありません。念のため。）

逆にいえば，CCB型のビジネスモデルにしたければ，固定費中心型のコスト構造，言葉を換えれば，変動費の少ないコスト構造を実現する必要があるということです。

売上高が減少する局面での特徴

今度は，損益分岐点を超えたところから売上高が減少する局面を考えてみましょう。

図表3-3を見てください。実際の売上高が同じ場合，その売上高は変動費中心型の場合は損益分岐点から遠く，固定費中心型の場合は損益分岐点に近いことが分かります。すなわち，変動費中心型の方が安全余裕率が高く，固定費中心型は安全余裕率が低いということです。

ということは，売上高の減少に対して，変動費中心型は赤字になりにくく，固定費中心型は赤字になりやすいということです。

では，売上高が損益分岐点を下回った場合，どうなるでしょうか。

図表 3-3　売上高減少局面での違い

変動費中心型　／　**固定費中心型**

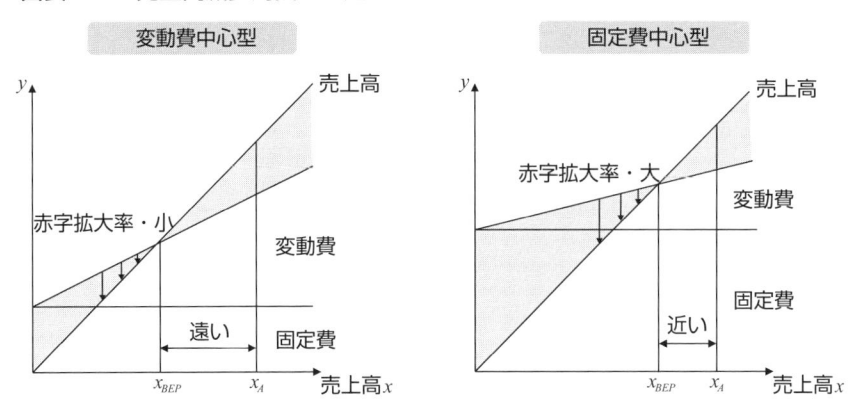

（グラフ：変動費中心型では赤字拡大率・小、損益分岐点 x_{BEP} と x_A が遠い。固定費中心型では赤字拡大率・大、x_{BEP} と x_A が近い）

　図表3-3から分かるように，損益分岐点を下回った後の赤字幅の拡大スピードは，先ほどの損益分岐点を超えてからの利益の増加スピードと同じです。したがって，変動費中心型の場合は，損益分岐点を下回っても赤字が拡大するスピードは緩やかですが，固定費中心型の場合は，損益分岐点を下回った場合，急速に赤字が拡大することになります。

ローリスク・ローリターン vs. ハイリスク・ハイリターン

　変動費中心型と固定費中心型の違いを一言でいうとどうなるでしょうか。

　変動費中心型は黒字化するのは早いですが，黒字化した後の利益増加率は大きくないので，損益分岐点を超えたからといってそんなにうれしいことがあるわけではありません。

　ただ，安全余裕率が大きいので赤字になりにくく，赤字になったとしても赤字幅が急速に膨らむことはありませんので，全般的に安全です。

　一方，固定費中心型は黒字化するのは遅いですが，黒字化した後の利益増加率は大きいので，損益分岐点を超えればうれしいことが待ち受けてい

113

ます。

　ただし，安全余裕率が小さいので赤字になりやすく，しかも赤字になった場合は赤字幅が急速に膨らみますので，全般的に高リスクです。

　つまり，変動費中心型は，黒字化しやすく赤字にもなりにくい半面，それほどうれしいわけではない「ローリスク・ローリターン型」といえます。一方の固定費中心型は，黒字化しにくく赤字にもなりやすい半面，うまくいけば大きなリターンが得られる「ハイリスク・ハイリターン型」といえます。

日本航空はなぜ破綻したか

　需要の有無にかかわらず，一定のキャパシティを常時抱えていなければならない航空会社は，典型的な固定費中心型の業種です。

　このような視点で日本航空を見てみると，経営破綻に至った要因がいろいろ見えてきます。

　日本航空は，ライバルの全日空と比べて売上高の不確実性が高いという特徴がありました。なぜならば，日本航空は国際線が主体だったからです。国際線というのは，世界の景気動向や政治情勢，または感染病などの影響を大きく受けますので，不確実性が高いのです。

　固定費中心型は安全余裕率が小さいですから，売上高の不確実性が高いということは非常に大きなリスクとなります。

　経営破綻に至った日本航空の現実は，正にこのことを物語っているかのようです。

　1991年頃のバブル崩壊以降，相次いで湾岸戦争やSARSなどが起こり，その度に航空需要は大きな変動にさらされ続けました。

　経営の安定度を高めたい日本航空は，完全民営化以降，国内線比率を高めたいという意識をずっともっていました。

　その1つの帰結が，国内線を主体とする当時の日本エアシステム（JAS）

との経営統合だったわけです。しかし，皮肉にも手に入れた国内線の多くが赤字路線でした。結果的には，この経営統合が日本航空の経営破綻の一因になってしまったわけです。

日本航空からの教訓

日本航空のケースから得られる教訓は，コスト構造の違いによるリスクをしっかり自覚し，整合的な手を打つことの重要性です。整合的でない打ち手は致命的になります。

日本航空のように，そもそも固定費中心型でありながら不確実性が高いというのは，組み合わせとしては最もあってはならない組み合わせです。

日本航空の選択は不確実性を下げることだったわけですが，それが裏目に出ました。

国内線主体のJASを経営統合するという選択は，一般論としては正しい打ち手です。しかし，JASは多くの赤字路線を抱えていました。これでは，売上に貢献しない新たな固定費を増やしただけです。

図表 3-4　裏目に出た JAS の経営統合

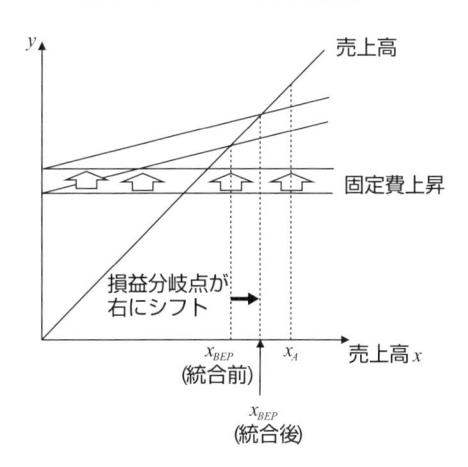

これを模式的に示せば，固定費の上昇によって図表3-4のように総費用線がそのまま上方に平行移動したことになります。これによって，損益分岐点はますます高くなり，安全余裕率はさらに小さくなります。固定費中心型ビジネスとして，最もやってはいけないことをやってしまったわけです。

　そもそもJASとの経営統合が経済合理的な判断だけで行われたかといえば，それはNoでしょう。余裕がある企業ならいざ知らず，そうではない企業に政治的判断が持ち込まれると，致命的な結果になるということも1つの教訓かもしれません。

第3章 コスト・マネジメント

CASE
9
サウスウェスト航空の強み

―固定費マネジメントのポイント―

　本ケースでは固定費そのものをどのようにマネジメントすべきかについて考えてみましょう。

2つの固定費

　固定費は大きくマネジド・コスト（managed cost）とコミッティド・コスト（committed cost）に分けられます。

　マネジド・コストとはコスト投入額とそれによる効果の因果関係が不明確なために，責任者の裁量によって管理せざるを得ない固定費です。具体的には広告宣伝費，試験研究費，教育訓練費などが該当します。いずれも必要であることは分かりますが，いくらかければどれだけ売上に貢献するかはなかなか分からないという点で共通しています。

　これらは一般に予算によって裁量的に管理します。

　コミッティド・コストとは，責任者の権限外の過去の意思決定の結果として，現在その発生を回避し得ないコストです。具体的には減価償却費，賃借料，人件費などが該当します。それぞれ誰かが過去に設備を取得し，オフィスを借り，人を採用するという意思決定をしたから，現在において不可避的に発生する点で共通しています。

　コミッティド・コストは，その発生源である設備，オフィス，人の存在そのものが発生理由になっています。これらはいずれも固定的な経営資源です。コミッティド・コストは発生源である経営資源が固定的だからこそ固定費なのです。

以下，この固定費らしい固定費であるコミッティド・コストのマネジメントを中心に見ていきましょう。

サウスウェスト航空はなぜ低コストか

米国サウスウェスト航空は，経営破綻が相次ぐ航空業界にあって，米国大手航空会社の中で創業以来利益を出し続けている唯一の航空会社です。

サウスウェスト航空が利益を出し続ける理由には，卓越した顧客満足度の高さなどもありますが，直接的な理由はコストが低いことです。サウスウェスト航空は，LCC（Low Cost Carrier）といわれる格安航空会社の先駆けです。

航空会社は固定費比率が高い典型的な業種です。サウスウェスト航空が低コストを実現できている理由の中に，固定費マネジメントの大きなヒントがあります。

サウスウェスト航空のコストを他の主要航空会社と比較してみましょう。ここでは，旅客キロ数当たりのコストを比較してみます。旅客キロとは運送した旅客数と運送距離の掛け算です。旅客キロ当たりのコストとは，提供しているサービスの単位当たりのコストに相当します。

図表3-5を見てください。日本の航空会社が25円近くであるのに対し，米国デルタ航空と英国航空がともに10円前後，サウスウェスト航空は7円程度です。サウスウェスト航空の単位コストは日本の航空会社の実に3分の1以下です。

第3章　コスト・マネジメント

図表 3-5　航空会社のコスト比較

旅客キロ当たり営業費用 (円)

- JAL
- ANA
- 英国航空
- デルタ航空
- サウスウェスト航空

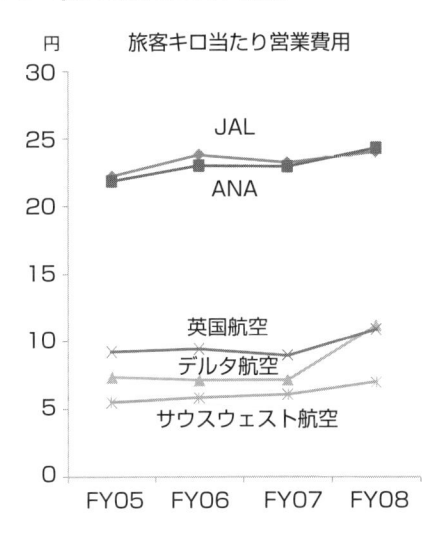

(FY05〜FY08)

図表 3-6　航空会社の旅客キロ

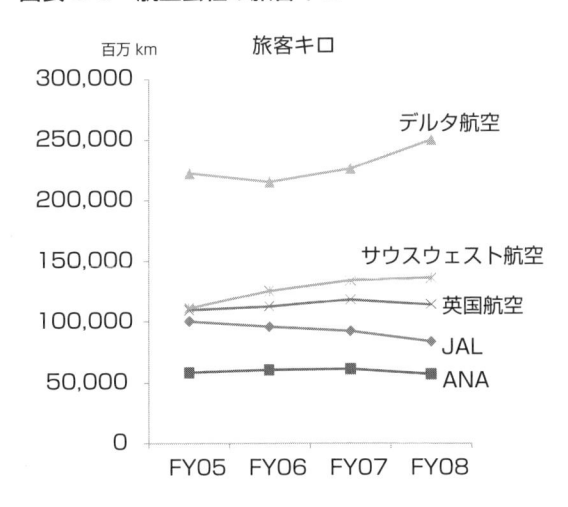

旅客キロ (百万 km)

- デルタ航空
- サウスウェスト航空
- 英国航空
- JAL
- ANA

(FY05〜FY08)

なぜサウスウェスト航空のコストはこんなにも低いのでしょうか？「人件費が安いから」と答えるかもしれませんが，実は人件費は特段に低いわけではありません。売上高に占める人件費の比率は，人件費が高いイメージが強い日本の航空会社よりもむしろ大きいくらいです。

サウスウェスト航空の単位コストが低いのは，同社の旅客キロが大きいからです。サウスウェスト航空の旅客キロ数は，デルタ航空にはかなわないものの，日本の航空会社のみならず英国航空よりも大きいのです（図表3-6)。

しかし，これは不思議なことです。サウスウェスト航空がもっている航空機は，120人程度しか乗れないボーイング737の一機種だけです。しかも，国内線の短距離輸送に特化していますから，単純に考えれば旅客数も距離も小さいはずです。

当時の日本の航空会社や英国航空は，500人を超える座席数をもついわゆるジャンボ機を多数保有し，国際線も多数運航している航空会社です。物理的なキャパシティではサウスウェスト航空の方が小さいはずです。

それにもかかわらず，サウスウェスト航空の座席キロ数が大きい理由はただ1つ。航空機の稼働率が高いからです。

サウスウェスト航空は，小型の航空機で短距離を何度も何度も往復することによって，航空機の回転率を高めているのです。それを可能にするために，サウスウェスト航空は機材繰りを最適化し，空港での駐機時間を可能なかぎり短くすることを非常に重視しています。

稼働率を上げれば，固定費一定のままで売上を上げることができます。そうすれば，売上高固定費率が下がります（図表3-7)。

企業の目的はコストの絶対額を下げることではなく，利益を増やすことです。売上高に占める費用の比率が下がれば立派なコスト削減です。固定費に関してはまずこのようなコスト削減を目指すべきです。

図表 3-7　稼働率を上げれば固定費削減になる

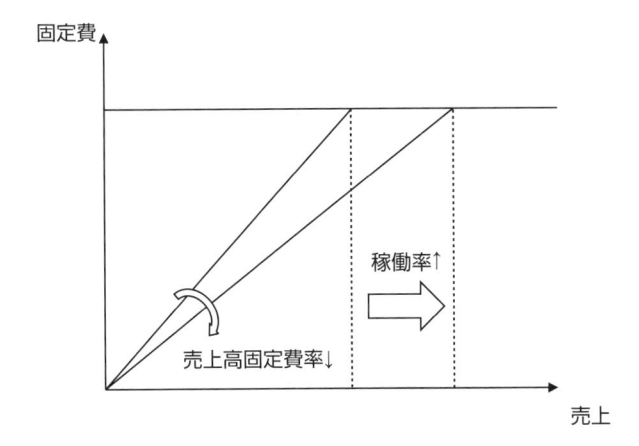

稼働率↑
売上高固定費率↓
固定費
売上

CASE 10 トヨタの後悔から学ぶ教訓

―管理すべきは稼働率―

リーマンショック後のトヨタ

　固定費に関しては，稼働率を上げることによってその相対的比率を下げることを第一に考えるとしても，固定費の絶対額を下げることが必要な場合も当然あります。そのような場合であっても稼働率が重要な意味をもちます。

　コミッティド・コストの絶対額を削減するためには，その発生源となっている経営資源そのものを削減しなければなりません。なぜならば，コミッティド・コストの発生理由は発生源である経営資源の存在そのものだからです。コミッティド・コストを削減するためには「元から絶たなきゃダメ」なのです。

　とはいっても，いずれも固定的な経営資源です。設備，オフィスそして人のどれをとってもすぐに削減できるものではありません。

　つまり，コミッティド・コストは簡単に削減できないのです。削減できたとしても，非常に時間がかかります。この認識がまずは重要です。

　それを踏まえて以下のケースを見てみましょう。

　いわゆるリーマンショックの際，世界的な需要の落ち込みによって自動車業界は業績を急激に悪化させました。トヨタ自動車も例外ではなく，トヨタ自動車の余剰生産能力は日産自動車1社分に相当する約350万台分にまで上りました。

　そのため，2009年6月に創業家から社長に就任した豊田章男氏は，固定費削減を含む8,000億円以上の収益改善策を講じると発表しました。

固定費削減を含むこれだけの収益改善をするということは，それだけ固定的な経営資源を削減するということです。言うは易しですが，そんな簡単にいくはずがありません。実際，トヨタ自動車はリーマンショック後の回復スピードで日産自動車や本田技研に後れをとっています（図表3-8）。その一因は固定的な経営資源の削減に時間がかかったからでしょう。

　固定的な経営資源は固定的であるがゆえに，その削減に時間がかかるのは止むを得ません。であるならば，重要なことは早期に着手することです。

図表3-8　自動車メーカのROA

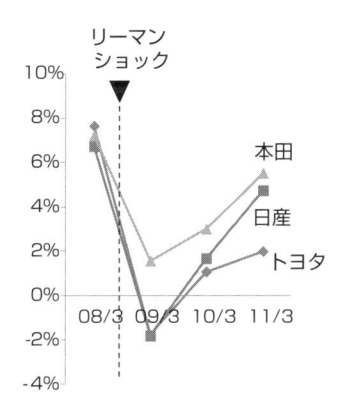

　ところがトヨタ自動車は着手のタイミングが遅れたのです。それはトヨタ自動車自身が悔やんでいます。

　豊田章男氏が社長に就任した当時，日本経済新聞に書かれた記事の中に以下のようなくだりがあります。

　　（トヨタ自動車には）「市場の小さな変化を見逃した」という強烈な反省がある。

　　昨年9月のリーマンショック。その2，3ヵ月前から「販売店の在庫が増えている」「小型車も売れ行きが止まった」といった声が米国の販

売現場にくすぶっていた。「変調を感じてはいたが……」。GM などの不振で米市場シェアの「日米逆転」が話題を集めていた時期だけに，情報がうまく上がらなかった。「ブレーキを踏むのが遅れた」と同社幹部は漏らす。(日本経済新聞 2009 年 6 月 23 日朝刊から抜粋)

　つまり，トヨタ自動車は予兆を見逃したのです。この予兆を見逃さなければ，もっと早い対応ができた可能性があるのです。
　100 年に 1 度ともいわれたリーマンショックとそれに伴う世界同時不況に対して完璧に対処することは，どんな企業にとっても不可能だったでしょう。外部環境の変化に完璧に対応できるほど賢明ではないわれわれ人間ができ得ることは，早期発見，早期着手だけです。早期発見することによって，対応の時間を稼ぎ，影響も最小にすることができるのです。
　それは病気と同じようなものです。やることはいずれにしても病巣を切り取ることだとしても，早期発見できるかどうかで結果はまったく変わってきます。
　早期発見できれば，今の時代，ガンでさえもかなり高い確率で治すことができます。命を落とすことはありません。しかし，どこかに自覚症状が出たときには，もう遅いのです。企業でいえば，赤字になったという自覚症状が出てからのアクションでは遅過ぎるのです。
　では，早期発見するためにはどうすればいいでしょうか。その先行指標として有力なのが経営資源の稼働率です。トヨタ自動車のケースでいえば，在庫の稼働率（回転率）が下がり，販売店の稼働率が下がっています。ということは，おそらく工場の稼働率も下がっていたはずです。
　これら固定費の発生源となっている経営資源の稼働率を管理指標と定め，定常的にモニタリングしていれば，予兆にも気づけたはずです。
　「情報がうまく上がらなかった」と悔やんでいますが，これを組織内のコミュニケーションの問題と捉えたら，おそらく同じようなことは何度でも起こるでしょう。重要なことは，経営資源の稼働率を管理指標と定め，

それを嫌でも定常的にモニタリングできるカタチを構築することです。
　サウスウェスト航空とトヨタ自動車のケースから以下のことがいえます。
　コミッティド・コスト削減のための打ち手の優先順位は，まず稼働率を上げる努力をし，それがダメなときにコミッティド・コストの絶対額を下げるということです。絶対額を下げるなら早期発見，早期着手です。
　いずれにしても，コミッティド・コストに関してマネジメントすべきは稼働率だということです。

CASE 11 「忙しい」が口癖の営業マン

—活動分析によるコスト削減—

　本ケースでは営業部門の人件費の問題を取り上げます。
　営業部門の人はいつも忙しそうにしており，「人を減らす」などといおうものなら大反発に遭いそうです。
　しかし，なぜそんなに忙しいのでしょうか。本ケースではそこがポイントです。

商談に費やす時間はわずか16%

　A社はエリアごとに営業拠点を設けて営業活動をしています。営業拠点の1つである北関東支店は，支店長1名，営業員5名，アルバイト1名の総勢7名で群馬，栃木，茨城の3県をカバーする支店です。
　A社は全社的にコスト削減が重要な課題となっており，北関東支店も人員削減が検討されていました。しかし，北関東支店はカバーするエリアが広いこともあり，支店長はむしろ人を増やしたいと思っていました。
　そこで本社はプロジェクト・チームを組み，北関東支店の活動分析を行うことになりました。活動分析とは，仕事の内容を洗い出し，それぞれの活動に要している時間を調査する分析です。
　具体的には，まず北関東支店で行われている活動をアンケート調査およびインタビューにより洗い出しました。その後，洗い出した活動をもとにタイムシートを作成し，支店長とアルバイトを含む全営業員に対して，それぞれの活動に毎日どれだけの時間を費やしているかを，15分単位で記録することをお願いしました。調査期間は2週間です。

その結果，支店長，営業員，アルバイトそれぞれの活動に対する時間比率は図表3-9のようになっていることが分かりました。

図表3-9　活動分析の結果

大分類	中分類	小分類	支店長	営業員	アルバイト
社内活動	通信	商談	1.7%	2.0%	0.0%
		社内連絡	8.8%	2.0%	12.5%
	会議		25.4%	10.0%	0.0%
	デスクワーク	営業準備	2.1%	6.0%	0.0%
		見積書作成	0.0%	8.0%	2.1%
		請求書作成	0.0%	5.0%	2.5%
		クレーム対応	0.6%	1.0%	0.0%
		営業報告書作成	4.2%	3.0%	0.0%
		販売実績の集計	0.0%	5.0%	0.0%
		稟議書の作成・回議	9.4%	5.0%	0.0%
		その他一般事務	11.0%	9.0%	82.9%
社外活動	商談打ち合せ	既存顧客	6.3%	10.0%	0.0%
		新規顧客	2.5%	4.0%	0.0%
	移動等	移動時間	18.8%	20.0%	0.0%
		待ち時間	9.4%	10.0%	0.0%
			100.0%	100.0%	100.0%

　営業という仕事において最も付加価値のある活動はいうまでもなく商談です。お客様に会ってナンボです。

　ところが図表3-9の結果を見ると，商談に費やしている時間は通信の2%と社外打ち合せ（既存顧客・新規顧客）の14%をあわせて16%だけです。

　では，何に時間をとられているのかというと，移動（20.0％），待ち時間（10.0％），会議（10.0％），その他一般事務（9.0％），見積書作成（8.0％）など，価値を生まない活動に多くの時間をとられているのです。

　支店長に目を転じてみると，商談の時間は10.5%だけです。何をやっているのかといえば，会議に25.4％もの時間を使っています。会議に出ていれば仕事をした気になっている管理職の典型のようです。他に目立つのは，移動時間（18.8%），その他一般事務（11.0％），稟議書の作成・回議（9.4%），

社内連絡（8.8％）などです。要するに，支店長はまったく付加価値のある仕事をやっていないということです。

このような結果を見て一番驚くのは当の本人たちであることが少なくありません。自分自身に対する評価はついつい甘くなるものです。忙しいというだけで仕事をしている気になってしまいますが，事実を直視すれば改善の余地は山ほどあるのです。

非付加価値活動削減の打ち手

このケースで実際にやった主な打ち手は以下のとおりです。

まず，目につくのは営業員の移動時間です。移動時間の削減のためにすぐに思いつくことは直行直帰でしょう。しかし，このケースではもっと大胆なことをやりました。

営業員ごとに担当エリアを決めて，そのエリアごとに SOHO（Small Office Home Office）化したのです。SOHO 化というと格好よく聞こえますが，やったことは，会社が移動の便の良いところにマンションを借り上げ，そこに家族みんなで住まわせたのです。これに伴い，電話とファックスは会社が貸与し，インターネットを含む通信費は会社持ちとしました。

また，営業員の行動基準を，月曜日から木曜日までは基本的に1日中客先回りに充て，営業日報や社内事務にかかる仕事は金曜日に集中するように定めました。客先回りについては，最も移動効率のいいように計画を立てて回るようにしました。客先と事務所（SOHO なので，自宅兼事務所）を行ったり来たりしていると，時間が細切れになってしまい，どうしても移動時間や待ち時間が増えてしまうからです。

支店長が比較的時間がとられている稟議書の作成・回議についても手を打ちました。このときすぐに出てきたアイデアは稟議書の IT 化です。確かに，紙媒体の稟議書は順送りに回覧されるため，どうしても時間がかかってしまいます。それを，イントラネット上で閲覧し電子的に承認できるよ

うにすれば，同時並行的に情報を共有することができます。

しかしその前に，すべての役員に稟議規定の内容についてインタビューをし，決裁権限規定にある稟議対象事案のすべてについて，その必要性を質問しました。すると，稟議対象になっている理由がどの役員にも分からない事案が半数以上もありました。役員たち口々に，「役員就任前からそうでしたから」「いわれてみればなぜでしょうね」というのです。

そこで，そういう事案は稟議対象から外すことにし，その上でIT化しました。

既成事実を疑い，ゼロから考えることを「ゼロ・ベース思考」といいます。ゼロ・ベース思考は，思い切った改革をする際には必要不可欠です。特にIT化する場合は，現状のやり方を疑ってかかり，改善すべきところは改善してからIT化しないと，望ましくない仕事のやり方をITによってますます加速させるだけになります。

0.9人は削減できない

上記のような打ち手によって，商談に充てられる時間を大幅に増やすことができました。同時に，その他の活動も含めた営業員の全業務に要する時間も2週間で4,320分短縮できる目処が立ちました。

営業員5名分の活動を2週間（10日間）調査しましたから，1日実働8時間とすれば，営業員の業務に要する総時間は8時間×60分×10日×5人＝24,000分です。このうち，4,320分削減できるわけですから，4,320分÷24,000分×100＝18％のコスト削減ができそうです。

こう考えた担当者は，営業力強化とコスト削減を同時達成できることに大喜びでした。しかし，営業力強化はいいとしても，コスト削減については本当でしょうか。

営業部門におけるコストの発生源は基本的に人です。したがって，コストを削減するためには人を減らすしかありません。

1人が2週間活動する時間は8時間×60分×10日＝4,800分です。ということは，削減の目処が立った4,320分は4,320分÷4,800分＝0.9人分です。これではコストは1円も削減できません。なぜならば人は1人単位でしか削減できないからです。0.9人は削減できないのです。

　これは固定費に共通する注意事項です。固定費はその発生源である経営資源が固定的だから固定費なのです。したがって，固定費はその発生源である固定的な経営資源そのものをなくさないかぎり削減できません。そして，固定的であるがゆえに連続的には削減できません。離散的にしか削減できないのです。人件費であれば1人単位，賃料であれば物件単位でしか削減できません。

　現状の業務を短時間でできるようになっただけで生産性が上がったと喜んではいけません。人1人分以上の時間を削減できて，初めてコスト削減が実現できるのです。

生産性が低い原因はスキル不足

　ところで，生産性を上げるためにはどうしたらいいのでしょうか。

　生産性が低いというのは，同じことをするにしても時間がかかるということです。実はその大きな原因の1つは，知識不足やスキル不足です。

　多くの会社で多くの方々と一緒に仕事をさせていただいて思うことは，"仕事"と思ってやっていることのうち，かなりの部分はやらなくていい試行錯誤ではないかということです。

　もちろん仕事に試行錯誤は付きものです。しかし試行錯誤には，やっていい試行錯誤とやってはいけない試行錯誤があります。未知のものにチャレンジするときの試行錯誤はやっていい試行錯誤です。しかし，知識やスキルの不足が原因となっている試行錯誤はやってはいけない無駄な試行錯誤です。

　やってはいけない無駄な試行錯誤であっても，知識やスキルがない本人

にはそれすら分かりません。分からない人は「分かっていないこと」も分からないのです。そして，本人は一生懸命仕事をしている気になれるのです。

筆者自身もそうでした。

筆者は，元々会計とはまったく無縁の仕事をしていましたが，あることをきっかけに会計に興味をもち，それが高じて公認会計士になりました。

公認会計士になって初めて，かつての自分がいかに会計について何も知らなかったかということが分かりました。何も分からないまま予算を立てていましたし，新聞の経済面も読んでいるようで実は何も読んでいなかったのです。「知らないことを知る」というのはそれだけ難しいことなのです。

会社や業種にもよりますが，一般的に総合職として会社に入る場合，専門知識や特別のスキルが問われることはあまりありません。少なくとも今までの日本の会社では，学位の価値はないに等しいほどの低さです。筆者が新卒で総合職として入社したときも，出身学部や語学力さえも特に問わないといわれて，かえって複雑な気持ちになったものです。

このことから分かるように，多くの会社は，専門知識や特別なスキルをもたない人たちが集まっているところです。持ち合わせているのは一般常識程度です。後は入社してから自然成長的に仕事を覚え，組織として一定の成果を上げることが求められるのです。

そういう意味では，会社というのは奇跡の素人集団です。

しかし，知的資本の重要性が増す今後は，いつまでも奇跡を期待するわけにはいきません。やらなくてもいい試行錯誤に時間を浪費して，仕事をしている気になっている場合ではありません。

練習しないことはできない

知識やスキルを上げるためには，日々トレーニングや練習を積む必要があります。しかし実際のところ，会社で働く人たちは日頃どれだけ"練習"

と呼ぶに値することをしているでしょうか。

　数ある職業の中で，最も練習をしない職業人はサラリーマンでしょう。

　たとえば外科医は，日頃から針と糸を使って縫合の練習をします。新しい手術方法が開発されれば文献を読みあさり，実験用の遺体や練習器具などを使って手術の練習をします。

　プロゴルファーは，試合前には練習ラウンドを行い，コースの状況を入念にチェックします。試合中に調子が悪いショットがあれば，試合終了後もまた練習をします。

　一方，サラリーマンの中で，仕事に必要な知識やスキルを日々鍛え続けている人がどれだけいるでしょうか。また，そのような機会を従業員に与え，厳しく"練習"させている企業がどれだけあるでしょうか。

　考えてみてください。学生時代，クラブ活動や受験勉強などをしていた頃は，日々練習や勉強をし，自らを鍛え続けていたはずです。また，厳しく指導し鍛えてくれる恐いコーチや先生，先輩もいました。

　それなのに社会人になってからはどうでしょうか。下手をすると何の練習もしていないかもしれません。練習しているとしても，学生時代のクラブ活動の方がはるかに真剣に練習していたのではないでしょうか。

　学生時代のクラブ活動などは，仕事にしていない以上，所詮は遊びです。遊びに対してあれだけ真剣に練習したのに，仕事に対してほとんど練習しないのはおかしなことです。

　人間，何歳になっても，どれだけ偉くなっても，練習していないことはできません。ほとんど練習場にも行かない月1ゴルファーが，いいスコアを出せるはずがないのです。

関連理論の解説 3-1

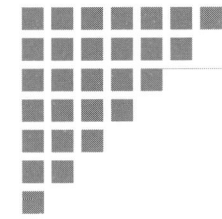

CVP分析と損益分岐点

　CVPとはCost, Volume, Profitの頭文字をとったものです。コストと利益はボリューム（量）に対してダイナミックに変化するので、「ボリュームとの兼ね合いでコストと利益を分析する」ということです。
　CVP分析の中心的な論点は損益分岐点ですので、CVP分析は損益分岐点分析ともいわれます。

利益を出すために必要な個数

　次の問題を考えてみましょう。

> 　パッケージ・ソフトを製造・販売している会社で、次期バージョンの開発計画を立てています。今回の開発期間は6ヵ月で、社内開発チームの5人に加え、外注先への委託費が総額50,000千円発生する予定です。当社では年俸制を採用しており、開発チームの月額平均給与は1,000千円です。完成したソフトウェアは、CD-ROMに焼き付け、マニュアルを梱包し、箱にパッケージングします。それに要する費用は、製品1個当たり2,000円です。
> 　当社では、これを1個10,000円で販売しようと考えています。このとき、利益を出すために必要な製造・販売数は最低何個でしょうか。

　1個当たりの販売価格と原価を比較して、「利益が出る」「出ない」という話はよくありますが、これはそれ以前の問題です。これから作って売ろ

うとしている段階で，一体何個作って売れば利益が出るのかがここでの問題です。

　個数によって総売上高も総費用も変化しますから，利益はそんなに簡単に計算できません。少々数学の助けを借りる必要があります。

　製造・販売数を x 個とすると，総売上高 y 円は以下のようになります。

　　　総売上高：$y = 10{,}000x$

　一方，費用は，社内開発チームの人件費1,000千円×5人×6ヵ月＝30,000千円と外注費50,000千円が数量に関係なく発生します。これらの合計80,000千円は固定費です。最後のパッケージング等にかかる2,000円は，製品1個当たりに発生する変動費です。

　したがって，総費用 y 円は以下のようになります。

　　　総費用：$y = 2{,}000x + 80{,}000$千

　これを図示すると，図表3-10のようになります。この図をCVP図または損益分岐点図といいます。この図から分かるように，売上線と総費用線がある点で交わり，それ以降は売上線が総費用線を上回って利益が出ることが分かります。

　売上線と総費用線の交点は損益がトントンになる点です。これを損益分岐点（Break Even Point）といいます。損益分岐点は売上高と総費用が等しくなる点ですから，以下のように求めることができます。

　　　$10{,}000x = 2{,}000x + 80{,}000$千
　　　　　$x = 10{,}000$（個）

第3章 コスト・マネジメント

図表3-10 損益分岐点

売上線：$y = 10,000x$
総費用線：$y = 2,000x + 80,000$千

損益分岐点 10,000

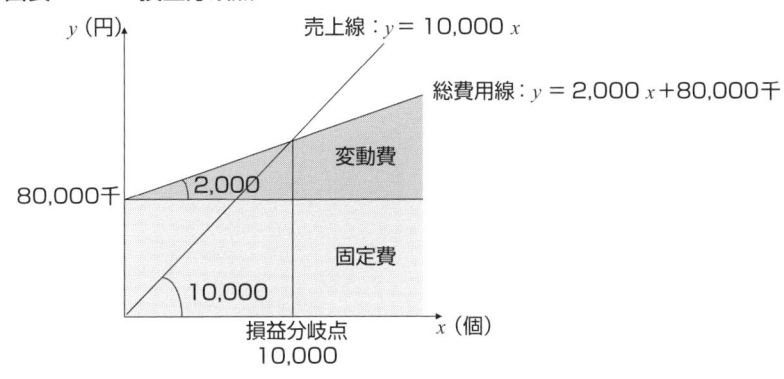

利益を出すためには，最低限，損益分岐点である10,000個を上回る数量が必要ということになります。

損益分岐点の公式

上記の問題を一般化してみましょう。

物量をx，販売単価をp，単位当たり変動費をv，固定費をfとすると，売上線と総費用線は以下のように定式化できます（図表3-11）。

図表3-11 物量が変数の場合

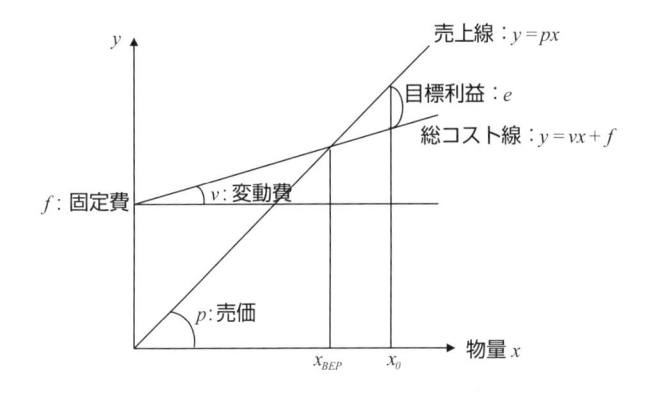

売上線：$y = px$
目標利益：e
総コスト線：$y = vx + f$

f：固定費
v：変動費
p：売価
x_{BEP}　x_0
物量x

売上線：$y = px$

総費用線：$y = vx + f$

これより，損益分岐点 x_{BEP} は以下のようになります。

$px_{BEP} = vx_{BEP} + f$

$x_{BEP} = \dfrac{f}{p - v}$

　この式の分母は，単位当たりの売上高から変動費を控除したものですから，単位当たりの貢献利益になっています。すなわち，損益分岐点の式は「固定費を単位当たり貢献利益で回収し切った点」という式になっています。

　損益分岐点は損益がトントンになる点ですから，ここでは利益は0です。一般的には，一定の利益を出すために必要な数量を求めたいこともあるでしょう。達成したい目標利益を e とすると，そのために必要な数量 x_0 は以下のように求めることができます。

$px_0 - (vx_0 + f) = e$

$x_0 = \dfrac{f + e}{p - v}$

　損益分岐点の式と比べると，分母の単位当たり貢献利益が回収しなければならない分子が，目標利益の分だけかさ上げされた形になっています。

変数は場合によって使い分ける

　上記の問題では個数という物量を変数にしましたが，多くの書物では売上高が変数にされていると思います。

　売上高を x，売上高変動費率を v，固定費を f とすると，売上線と総費用線は以下のように定式化できます（図表3-12）。

売上線：$y = x$

総費用線：$y = vx + f$

これより，損益分岐点（売上高）x_{BEP} は以下のようになります。

図表 3-12　売上高が変数の場合

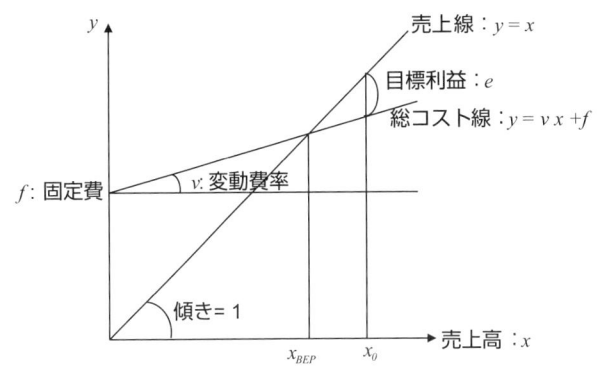

$$x_{BEP} = vx_{BEP} + f$$

$$x_{BEP} = \frac{f}{1-v}$$

また，目標利益 e を達成する売上高 x_0 は，以下のように求めることができます。

$$x_0 - (vx_0 + f) = e$$

$$x_0 = \frac{f+e}{1-v}$$

これが，多くの書物に載っている式ですが，変数を物量にするか売上高にするかは，場合によって使い分けるのがいいと思います。

たとえば，冒頭の問題のような，個別製品を対象にしたような，いわば"ミクロ分析"の場合は，物量を変数にした方が分かりやすいでしょう。また，物量を変数にすると，売上線の傾きが販売単価になるので，プライシング（価格づけ）や値上げ・値下げのインパクトを分析する場合にも便利です。

一方，会社や部門などの組織を対象とする，いわば"マクロ分析"の場

合は，売上高を変数にした方がいいでしょう。というよりも，売上高を変数にせざるを得ないといった方がいいかも知れません。なぜならば，組織では複数の販売単価をもつ商材を扱っているのが普通ですから，売上線を販売単価×物量と表現するのは難しいからです。

売れ残りは想定していない

冒頭の問題に戻りましょう。

冒頭の問題では損益分岐点は 10,000 個でした。では，損益分岐点を超える 12,000 個を実際に製造したとしましょう。これでもう何の心配もなく，利益は出るでしょうか？

図表 3-13　事後的な損益分岐点

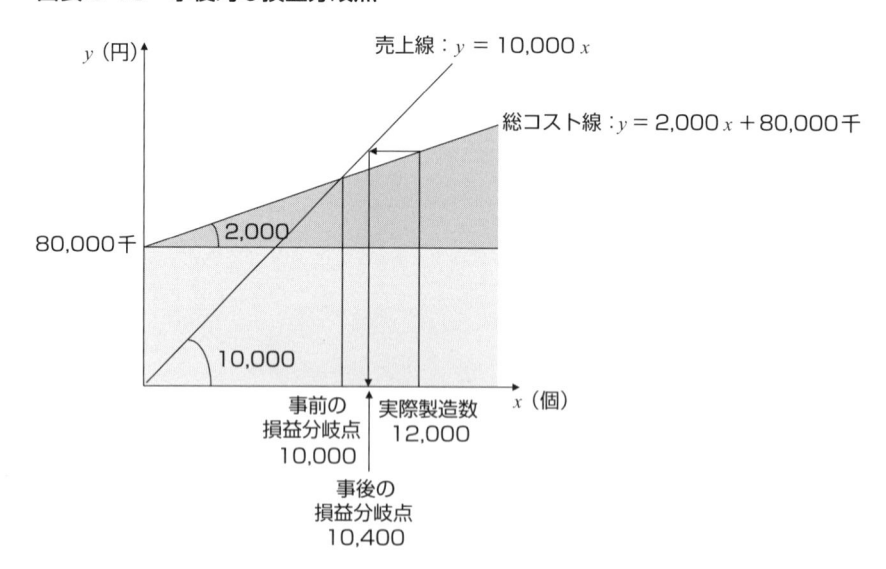

売上線：$y = 10,000\,x$

総コスト線：$y = 2,000\,x + 80,000$ 千

80,000 千

2,000

10,000

事前の損益分岐点 10,000

実際製造数 12,000

事後の損益分岐点 10,400

実は，作った後では事情が異なります。作った後では，すでに 2,000 円／個 × 12,000 個 + 80,000 千円 = 104,000 千円の費用を使ってしまっています。これを販売単価 10,000 円で回収しないと利益が出ませんから，最低でも 104,000 千円 ÷ 10,000 円／個 = 10,400 個売らなければならないのです。図示すれば図表 3-13 のようになります。

これから分かるように，損益分岐点の計算には重要な前提があります。それは，製造数と販売数が同じであることを前提にしていることです。すなわち，売れ残りが発生することは想定していないのです。

それゆえに，損益分岐点を求める計算は一般的に計画段階の分析手法として用いられます。損益分岐点の分析は，「これから作って売り，かつ，すべて売り切る」という計画段階で意味をもつ手法なのです。多くの書物で，CVP 分析が「利益計画」の 1 つに位置づけられているのは，そのためです。

実際に作った後では，そのすべてが売れるとはかぎりません。したがって，売れ残りの可能性がある製造後は，通常の損益分岐点分析はそのまま使えません。

筆者は，計画段階で計算する通常の損益分岐点を「事前の損益分岐点」，製造後に利益を出すのに必要な販売数（または売上高）のことを「事後の損益分岐点」と呼んでいます。

注意しなければならないのは，事後の損益分岐点は事前の損益分岐点よりも必ず大きくなるということです。このことは，図 3-12 を見れば明らかでしょう。先ほどの例でも，事前の損益分岐点が 10,000 個だったのに対して，事後の損益分岐点は 10,400 個になっています。

作った後では，たとえ事前の損益分岐点を上回る個数を売っても利益が出ないことがあり得るのです。上の例では，販売量が 10,400 個未満であれば，最終的な利益はマイナスになります。

CVP 分析は，単に計算式を振り回すだけでなく，その前提と使える局面をよく理解しておくことが重要です。

関連理論の解説 3-2

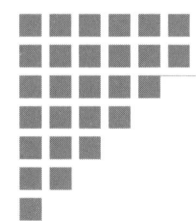

安全余裕率

CVP分析における重要な指標に安全余裕率があります。安全余裕率は，計算式やその意味もさることながら，実際にどう活用するかもポイントです。

安全余裕率の式の意味

まず最初に，安全余裕率の式から説明しましょう。実際値をx_A，損益分岐点をx_{BEP}とします。ここでの変数xは，売上高または物量のどちらであっても構いません。このとき，安全余裕率は以下の式で計算します。

$$安全余裕率 = \frac{x_A - x_{BEP}}{x_A}$$

これが何を意味しているかは，図を見れば一目瞭然です。

図表3-14を見てください。安全余裕率の分子は，実際値と損益分岐点の距離を表しています。この距離を，実際値に対する比率にしたのが安全余裕率です。したがって，安全余裕率が大きいほど，実際値は損益分岐点から離れていることになります。

図表 3-14　安全余裕率

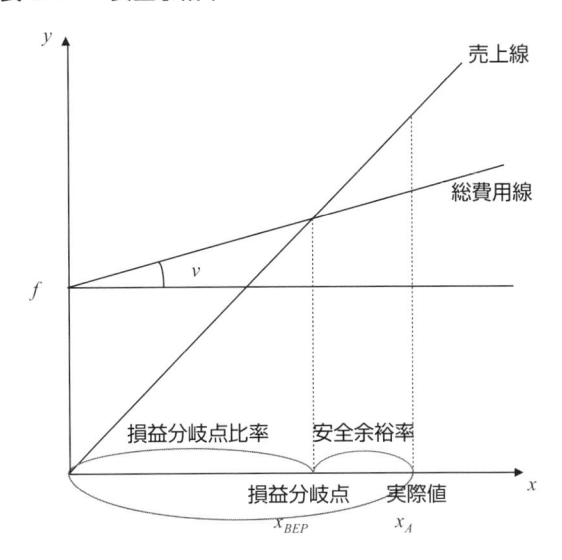

利益が出る・出ないだけでいえば，実際値が損益分岐点を上回りさえすれば利益は出ます。しかし，図表3-15(a)のように，実際値が損益分岐点に近いとどうでしょうか。利益の額が小さいことも問題ですが，それだけではありません。ちょっとした実際値の変動で容易に損益分岐点を下回ってしまいます。つまり，赤字になりやすいということです。

逆に，図表3-15(b)のように，実際値が損益分岐点から遠く離れていれば，少々の変動では損益分岐点を下回ることはありません。つまり，簡単には赤字にならないということです。

図表 3-15　安全余裕率の大小による違い

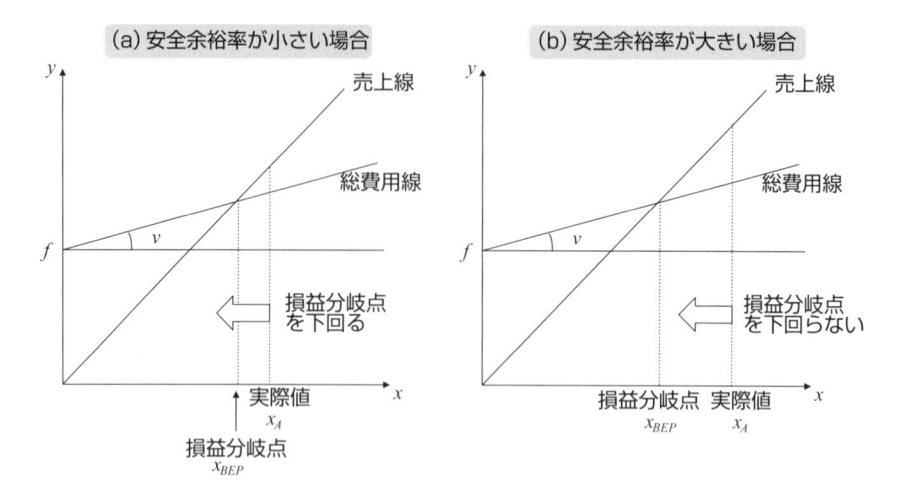

(a) 安全余裕率が小さい場合 / (b) 安全余裕率が大きい場合

なお，以下の式で計算されるものを損益分岐点比率といいます。

$$損益分岐点比率 = \frac{x_{BEP}}{x_A}$$

これは文字通り，実際値に対する損益分岐点の比率です。

図表3-14からも分かるように，安全余裕率と損益分岐点比率は合計が常に1（100%）になる，いわゆる補数の関係にあります。すなわち，安全余裕率が30%ならば，損益分岐点比率は70%ということです。実務上は，安全余裕率か損益分岐点比率のどちらか使いやすい方を使えばいいでしょう。

実務上の意味

安全余裕率の"式の意味"は理解できたところで，その"実務上の意味"を考えてみましょう。今，以下のような2つの部門があるとします。部門Aと部門B，どちらがいい部門だと思いますか？

(単位：百万円)

	部門 A		部門 B
売上高	20,000	売上高	20,000
変動費	10,000	変動費	4,000
固定費	8,000	固定費	14,000
利　益	2,000	利　益	2,000

　何をもって「いい部門」というかにもよりますが，少なくとも両部門とも売上高は 20,000 百万円で等しく，利益も 2,000 百万円で同じです。したがって売上高利益率も同じです。規模や収益性という観点で見るかぎり，両部門に違いはありません。実際，費用の内訳情報などが記されていない概要レベルの財務情報では，両部門は同じように評価される可能性が高いでしょう。

　では，利益の安定度という尺度で見たらどうでしょうか。たとえば，両部門とも売上高が 15% 減少した場合，利益はどうなるでしょうか。売上高の変化に対して変動費は同じだけ変化しますが，固定費は変化しませんから，両部門の利益は以下のようになります。

　部門 A：$20,000 \times (1-0.15) - \{10,000 \times (1-0.15) + 8,000\}$
　　　　$= 500$（百万円）
　部門 B：$20,000 \times (1-0.15) - \{4,000 \times (1-0.15) + 14,000\}$
　　　　$= \triangle 400$（百万円）

　部門 A は黒字を確保していますが，部門 B は赤字になりました。先ほど，ある状況を"静的に"見たときは，規模も収益性も両部門はまったく同じでしたが，売上高を変化させて"動的に"見ると，両部門の明暗がはっきりと分かれました。上記の計算からは，売上高の変化に対する利益の安定度という点では，部門 A の方が「いい部門」ということになります。

　両部門の動的な特徴に差が出た理由は，安全余裕率の違いです。両部門の安全余裕率を計算してみましょう。

まず，損益分岐点は以下のようになります。

$$部門 A：\frac{8000}{1-10{,}000/20{,}000} = 16{,}000（百万円）$$

$$部門 B：\frac{14{,}000}{1-4{,}000/20{,}000} = 17{,}500（百万円）$$

したがって，両部門の安全余裕率は以下のようになります。

$$部門 A：\frac{20{,}000-16{,}000}{20{,}000} = 20.0\%$$

$$部門 B：\frac{20{,}000-17{,}500}{20{,}000} = 12.5\%$$

　ここで，両部門の安全余裕率がそれぞれ20.0％，12.5％の意味を改めて考えてみましょう。部門Aの「安全余裕率20.0％」の意味は，「売上高が現在より20.0％減少すると利益が0になる」ということです。つまり，「売上高の減少率が20.0％未満であれば利益が出る」ということです。

　同様に部門Bは，「売上高の減少率が12.5％未満であれば利益が出る」ということです。

　先ほどは，売上高を15％減少させてみました。部門Aの場合，15％の減少率は安全余裕率の範囲内です。だから部門Aは，15％の売上高減少にもかかわらず，赤字にならなかったのです。

　一方，部門Bの場合，15％の減少率は安全余裕率を上回っています。そのため，15％の売上高減少によって損益分岐点を下回り，赤字になったのです（図表3-16）。

第3章　コスト・マネジメント

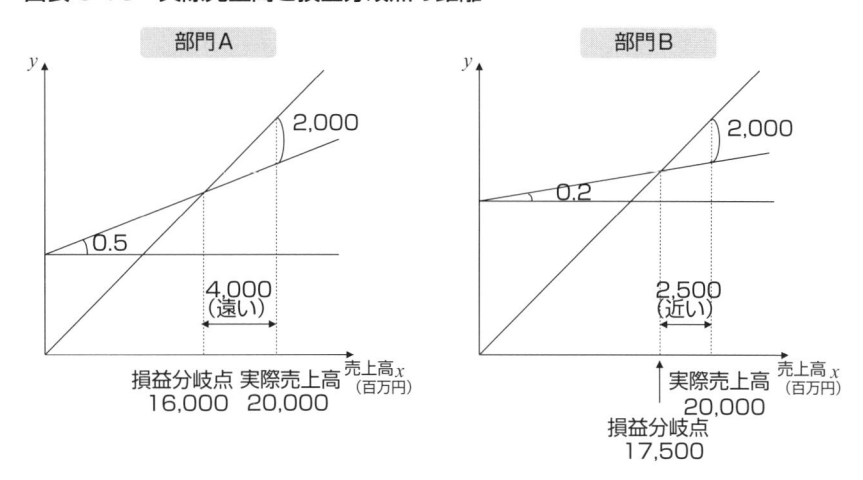

図表 3-16　実際売上高と損益分岐点の距離

部門A

2,000
0.5
4,000
(遠い)
損益分岐点　実際売上高　　売上高 x
16,000　　20,000　　　(百万円)

部門B

2,000
0.2
2,500
(近い)
実際売上高　　　売上高 x
20,000　　　(百万円)
損益分岐点
17,500

なぜ変動を考慮するのか

このように，安全余裕率は，売上高の変動に対する耐性を測るものということができますが，逆にいえば，売上高の変動に対する耐性を気にするのは，売上高は変動することを前提にしなければならないからです。

これは多くの人がつい忘れがちな事実です。利益を構成する要素は，いうまでもなく売上高と費用です。このうち費用は，その気になれば100%会社内部でコントロールできます。なぜならば，費用の発生原因は基本的にすべて会社内部にあるからです。

しかし，売上高はそうはいきません。最終的に売上高を決めるのは顧客です。顧客が買ってくれなければ，会社がどんなに頑張っても売上高は発生しません。したがって，売上高は不確実性が高いのです。やってみなければどうなるか分からない面が多分にあるのです。

ところが，「絶対に売上○円を上げて来い！」といって怒鳴ってみたり，「売上が予算通り○円になってくれないと利益が出ない」などといって嘆いたりしているのが多くの現実です。いくら売上高の目標や予算を立てたところで，変動が避けられない売上高がそのとおりになる保証はどこにも

ありません。それなのに，売上高の変動に対して過剰に反応したり，売上高があたかも固定的なものであるかのように管理しようとしているところに，そもそも無理があるのです。

売上高は本質的に不確実性からは逃れられません。そうであるならば，変動することを嫌って，売上高を"点"で管理するのではなく，最初から変動することを織り込んで，売上高を"幅"で管理した方が現実的であり，かつ，意味のある管理になります。

予算管理に活かす

そこでお薦めなのが，安全余裕率を予算管理に活用することです。

予算は全社的な利益目標を達成するために立てるものですから，各部門が予算を立てる際には，利益額や利益率に対する目標がトップや経営企画部門から与えられるのが普通でしょう。

たとえば，先ほどの部門Aと部門Bの損益計算書が予算案だとしましょう。仮に，トップから提示された目標利益率が10%だとしたら，両部門の予算案とも合格です。

しかし，もし実際売上高が予算よりも15%下回ってしまったらどうなるでしょうか。先ほど見たように，部門Aは黒字を確保できますが，部門Bは赤字に転落します。

「予算通りの売上を達成できなかったのが悪い」といってしまえばそのとおりかもしれませんが，それでは意味のある管理にはなりません。

そこで安全余裕率を活用します。トップが与える目標値として「利益率10%」に加えて，たとえば「安全余裕率20%以上」とします。そうすれば，部門Aの予算案は承認されますが，部門Bの予算案は承認されません。部門Bは，安全余裕率を上げるために，売上予算や費用予算を考え直す必要があります。

予算とは将来に対する計画ですから，不確実性が付きものです。不確実

性をどれだけ管理できるかが予算管理において最も重要といってもいいでしょう。不確実性は，利益率のような"静的な指標"では管理できません。安全余裕率という"動的な指標"を使うことによって，不確実性に対して「強い予算」を作ることができるのです。

関連理論の解説 3-3

形骸化している予算管理

　「管理会計」といった場合，多くの企業にとってその実体の1つは予算管理でしょう。予算管理は，固定費の1つであるマネジド・コストを管理する上でも重要です。

　ほとんどの企業で行われている予算管理ですが，その有効性に懐疑的な声も少なくありません。

　予算管理の問題点を1つあげるとするならば，それは形骸化していることです。形式的な儀式になり下がっているといってもいいでしょう。

　ここでは，そのような予算管理を意味あるものにするためにどうしたらいいかを考えてみたいと思います。

予算管理は予算編成と予算統制から成る

　まず，基本的なことから確認しましょう。予算管理と一口にいいますが，これは予算編成と予算統制から成っています。

　予算編成とは，予算を作成することです。「予算を立てる」ともいわれます。年度末近くになると，各部門が分担して作成する年中行事がそれです。予算統制とは，立てた予算がそのとおりになるようにコントロールすることです。

　少々教科書的な説明ですが，実は「予算管理には編成と統制がある」ということを明確に認識していないことが，予算管理を形骸化させている1つの原因になっています。

　一般的に，予算管理は各現業部門が行っている企業が多いと思いますが，

彼らにとって予算管理はほぼイコール予算編成になっている可能性があります。毎年毎年,「予算を立てろ」といわれるから立てているだけであって,「立てた予算をそのとおりなるようにコントロールする」という予算統制の意識は相対的に希薄になりがちです。

予算編成も形骸化している

　予算編成にも問題があります。予算編成の現状を覗いて見ると,各勘定科目の意味もよく分からないまま,ただ単に数字を積み上げているという話をよく聞きます。減価償却費とか法定福利費とかいわれても,何だかよく分からないまま数字を作っているのです。
　予算編成を行っている現業部門の人たちは会計の専門家ではありませんから,このようなことになるのも無理はありません。
　さらに,各現業部門にとっては,そもそもよく分からない科目やどうしようもない科目が少なからずあります。たとえば,人件費といわれても,他人の給料など正確には知らないのが普通です。情報システム部門がIT機器を一括管理している場合は,自分が今使っているパソコンのリース料もソフトウェアライセンス費も,情報システム部門に聞かないと分かりません。
　このように,よく分からないものや自分たちではどうにもならないことまで数字を埋めなければならないとなると,「とりあえず,昨年度と同じ数字にしておけばいいや」ということになります。こうして,機械的に数字が積み上げられただけの予算が出来上がるのです。

管理できるものだけを管理させる

　このようなことになってしまう大きな原因は,予算編成というものが財務会計の損益計算書を,訳も分からぬまま,とにかく完成させる作業になっ

149

ていることにあります。実際，図表3-17のような財務会計でおなじみの損益計算書のブランクシートが各部門に配られて，「はい，上から下まで埋めてください」というのが，予算編成の実態に近いのではないでしょうか。

　各部門が管理できない数字まで予算を作らせても意味がありません。そのような状況を改善するためには，各部門が管理できる項目についてだけ各部門に予算編成をさせ，各部門が管理できない項目はそれらを実質的に管理している部署が一括して予算編成をすればいいのです。実質的に管理している部署とは，たとえば減価償却費なら資産管理部，人件費なら人事部，IT関連費用なら情報システム部などです。

　こうすれば，予算統制についても実効性が高まります。自分たちが管理できるものについてだけ予算を立てているわけですから，それを実現するようにコントロールするイメージがわきやすいですし，言い訳もできなくなるからです。

図表3-17　よくある予算管理

(単位：百万円)

	部門A	部門B	部門C
売上高	1,200	2,000	1,500
売上原価	600	900	800
売上総利益	600	1,100	700
販売費及び一般管理費			
広告宣伝費	80	150	90
会議費	20	50	30
交際費	10	15	12
消耗品費	12	15	12
給料手当	100	150	110
減価償却費	35	72	40
ソフトウェアラインセンス	12	25	15
賃借料	25	50	25
旅費交通費	5	8	6
福利厚生費	3	6	3
本社費配賦額	85	170	85
販売費及び一般管理費合計	387	711	428
営業利益	213	389	272

費用を管理可能性で分ける

「管理できるものだけを管理させる」という予算管理を実現するためには，費用を管理可能性で分類する必要があります。

ある管理責任者にとって管理可能な費用を「管理可能費」，管理不能な費用を「管理不能費」といいます。

何が管理可能費で何が管理不能費かは管理責任者によって変わりますが，費用に関する管理責任や決裁権限が明確であれば容易に分類できます。

費用が管理可能性で分類されたカタチを用いれば，管理可能利益までは各部門が予算管理をし，管理可能利益以降の管理不能費はそれぞれを実質的に管理している部門が横串でまとめて予算管理するという役割分担が可能になります（図表3-18）。たったこれだけのことで，相当意味のある予算管理になるはずです。

図表3-18 管理会計のカタチにもとづく予算管理

（単位：百万円）

	部門A	部門B	部門C	
売上高	1,200	2,000	1,500	
管理可能費				
売上原価	600	900	800	
広告宣伝費	80	150	90	
会議費	20	50	30	管理可能利益までは
交際費	10	15	12	各部門が予算管理。
消耗品費	12	15	12	
旅費交通費	5	8	6	
管理可能費合計	727	1,138	950	
管理可能利益	473	862	550	
管理不能費				
給料手当	100	150	110	
減価償却費	35	72	40	管理不能費は、実質
ソフトウェアライセンス	12	25	15	的管理部門（人事部、
賃借料	25	50	25	資産管理部、情報シ
福利厚生費	3	6	3	ステム部等）が予算
本社費配賦額	85	170	85	管理。
管理不能費合計	260	473	278	
営業利益	213	389	272	

脱予算経営という考え方

　予算管理については，脱予算経営（Beyond Budgeting）という考え方があります。非常に簡単にいえば，「予算管理なんか止めてしまえ」という考え方です。

　その根拠は，やはり予算管理が形骸化していることです。さらにいえば，予算管理の現実は社内政治ゲームと化しているということです。

　たとえば，ある部門が一度勝ち取った費用予算の額は，決して手放さないようにするというのはよく見られる光景です。一度引き下げられたら，それを元に戻すのは至難の業だからです。ですから，手にした費用予算は意地でも使い切ろうとします。使い切らなければ，次年度からは引き下げられることが目に見えているからです。だから年度末になると，予算で割り当てられた福利厚生費を使い切るために，意味もなく飲み会をしたり，社内レクリエーションが企画されたりするわけです。これでは，年度末にやたらと増える道路工事みたいなものです。

　一方，売上予算はできるだけ少なく計上しようとします。多く計上したら，自らノルマを厳しくするだけですし，達成できなかったときの言い訳も大変だからです。

　多く計上した売上予算を達成しようものなら，翌年度はもっと売上予算を増やされて，どんどん大変になるだけです。これは外資系などでよく見られるストレッチ予算というやつです。

　このように，費用予算は過大計上，売上予算は過小計上しようとし，それを正当化するためにお互いに牽制し合うのです。これが社内政治ゲームです。こんな社内政治ゲームに明け暮れていても，企業価値を高めることにはつながりません。それなのに，こんな社内政治ゲームに，多大な時間と労力を毎年のようにかけているのが従来型の予算管理なのです。

目標が固定的であることも問題

　従来型の予算管理では，目標値が固定化されることも問題の１つです。

　多くの場合，予算は１年単位に編成され，年度内に柔軟に見直されることはあまり行われません。しかし，変化が速く不確実性の高い現在において，１年間もの間，固定的な目標値を頑なに達成しようとするだけでいいはずがありません。

　固定的な予算を頑なに守ろうと経営することは，スタート前に決めた目標タイムを達成することだけを考えてマラソンのレースをするようなものです。

　スタート前に目標タイムを決めても，レースが始まってからの天候はそのときになってみないと分かりません。その日の自分の調子も走ってみなければ分かりませんし，周りの選手がどれくらいのものなのかも，どのような駆け引きをしてくるのかも，レースが始まってみなければ分かりません。

　それなのに，レース前に決めた目標タイム通りに走ることだけを考えて，自分の腕時計だけを見ながら走るというのが従来の予算管理なのです。

　脱予算経営を主張する論者は，固定的な目標設定の代わりに相対的な目標設定を推奨しています。マラソンでいえば，「中盤までは先頭集団に属し，後半戦では５位以内をキープし，最終的には３位以内に入る」というような目標設定です。ビジネスに置き換えれば，「毎月シェア５位以内をキープし，通年ではシェア３位以内，利益率では業界トップ」というような目標設定です。

　このような目標設定ならば，「売上予算を達成したから，今年度はこれくらいでいいや」と力を抜くようなことはなくなります。周りが走り続けているかぎり，「行ける所まで行こう」となるはずです。

組み合わせるのが現実的

　北欧で発展した脱予算経営は，予算管理を完全に廃止することを主張するものです。スウェーデンのスベンスカ・ハンデルス・バンケン銀行では，1970年代に伝統的な予算管理を完全に廃止し，以降一貫して競合他社を凌ぐ業績を実現しています。さらに興味深いことは，同社のCEOは，株主に対する年次総会においても，財務会計上の決算報告より競合他社との相対的なKPIの比較に重点をおいていることです。そのような情報は株主にとっても非常に有益な情報でしょう。

　ここまで徹底できれば大したものですが，日本の現状を考えれば，予算管理を完全に廃止することは非現実的です。考えられる現実的なアプローチは，従来型の予算管理と相対的目標管理を組み合わせることです。マラソンでも，事前の目標タイムはもちながら，当日のコンディションや周りの選手の状況を見て，相対的な順位を競っているはずです。

　従来型の予算管理を柔軟に運用することも重要です。たとえば，四半期などの一定期間ごとに向こう1年間の予算を継続して見直す「ローリング予算管理」などが有効です。

　そして，すべてにおいて管理会計のカタチにもとづき予算管理を行う。そうすれば，形骸化していた予算管理は見違えるほど実効性のあるものになるはずです。

第4章

合理性を超えた先にある競争力

CASE 12 サムスン電子の強さの秘密
―経済合理性の罠―

　本ケースでは，韓国サムスン電子のケースを題材に，投資の意思決定について考えます。

　投資をどのように評価し意思決定するかは，管理会計の重要なテーマの1つです。特に，正味現在価値（net present value：NPV）や内部利益率（internal rate of return：IRR）を用いたいわゆる投資の経済性計算は，管理会計における重要論点の1つであり，多くの人に知られた方法となっています。

　しかし本ケースの趣旨は，そのような経済性計算の重要性を改めて強調することでもなければ，計算方法について解説することでもありません。本ケースでお伝えしたいことは，そのような合理的な手法が，合理的であるがゆえに企業の競争力を弱める可能性があることです。

好調続くサムスン電子と苦戦する国内メーカ

　2013年4月26日，韓国サムスン電子はスマートフォンの最新機種であるGalaxy S4を発表しました。

　同日発表した同社の2013年1月～3月期の連結決算は，売上高が前年同期比17％増の52兆8,700億ウォン（約4兆6,900億円），営業利益が同54％増の8兆7,800億ウォン（約7,800億円），純利益が42％増の7兆1,500億ウォン（約6,300億円）でした。最高益には届かなかったものの，市場予想を上回る結果となりました。

　サムスン電子は，かつては半導体などの電子部品の製造が中心でしたが，

現在は薄型テレビやスマートフォンで世界的に大きなシェアを握っています。

今回の業績を牽引したのもスマートフォンを含むIT部門です。同部門だけで営業利益は6兆5,100億ウォン（約5,800億円）です。前年同期に比べ56％も増加しました。

一方，サムスン電子と同じ分野で戦う国内メーカは惨憺たる状況です。

パナソニックの2013年3月期における連結純利益は7,500億円を超える赤字となり，通期では2期連続の巨額赤字となりました。

パナソニックは，国内メーカとして最後までプラズマテレビの販売をしていましたが，2012年12月にプラズマテレビの開発から撤退することを決めました。

また，2期連続の巨額赤字になることを受け，手元資金確保のために2013年3月に東京汐留にある「パナソニック東京汐留ビル」を約500億円で売却しました。当面は設備投資を控えることも発表しました。

シャープも2013年3月期の連結純利益は5,400億円を超える赤字となりました。赤字額は2012年3月期の3,760億円を超え，2期連続で過去最悪となりました。

主力工場である亀山工場の稼働率は大幅に低下しました。同工場は，「亀山モデル」というブランドにまでなった工場です。

2004年に稼働を開始した第1工場は，第3期ライン分までの累計投資額が1,350億円，2006年8月に稼働を開始した第2工場は，第2期ライン分までの累計投資額が3,500億円です。今となっては，特に第2工場への投資は過剰投資だったという見方が大勢を占めています。

シャープは資金繰りも急速に悪化したため，世界最大のEMS（Electronics Manufacturing Service）である台湾・鴻海（ホンハイ）からの出資受け入れを模索していました。

しかし，それも破談。背に腹は代えられないシャープは，2013年3月，宿敵だった韓国・サムスン電子から出資を受け入れることを発表しました。

そのサムスン電子は，薄型テレビで世界ナンバーワンのシェアを握っています（図表4-1）。Galaxyが好調な同社は，スマートフォン市場でもiPhoneを擁するアップルを凌いで世界シェア1位です（図表4-2）。

図表4-1　薄型テレビの世界シェア

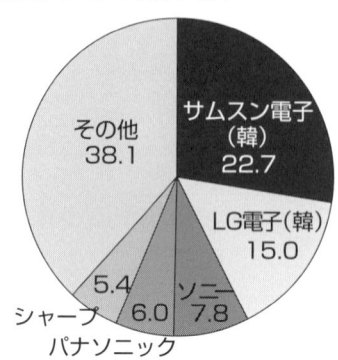

- サムスン電子（韓）22.7
- LG電子（韓）15.0
- ソニー 7.8
- パナソニック 6.0
- シャープ 5.4
- その他 38.1

（2012年売上高ベース，単位：%）
出所：米NDPディスプレーサーチ

図表4-2　スマートフォンの世界シェア

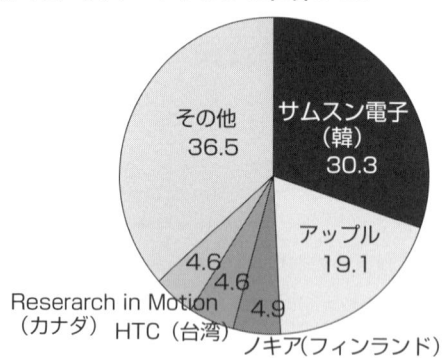

- サムスン電子（韓）30.3
- アップル 19.1
- ノキア(フィンランド) 4.9
- HTC（台湾）4.6
- Reserarch in Motion（カナダ）4.6
- その他 36.5

（2012年出荷台数ベース，単位：%）
出所：IDC Worldwide Mobile Phone Tracker

　パナソニックとシャープは，かつては薄型テレビの分野において，それぞれプラズマテレビと液晶テレビの雄として凌ぎを削っていた会社です。

スマートフォン以前の携帯電話においても，両者は人気機種を販売するメーカであり，少なくとも日本国内においてはトップシェアを争うメーカでした。

それも今やすっかり昔の話になってしまいました。いずれの分野においても，日本企業は見る影もありません。

巨額投資を続けるサムスン電子

サムスン電子は一体なぜこうも強いのでしょうか。

ここで1つ注目したいのは，R&Dに対する年間投資額です。サムスン電子は，2011年度に2兆5000億円もの金額を設備投資と研究開発に費やしています(図表4-3)。これは2011年度だけに限ったことではありません。ここ数年，ほぼ同水準の投資を続けているのです。

日本では，新聞の1面を大々的に飾るような大型投資をする企業でも，年間数千億円がいいところです。実際，図表4-3を見ると，パナソニックもシャープも1兆円に届いていません。過剰投資と批判されたシャープの亀山第2工場も，その投資額は3,500億円です。サムスン電子の前ではむしろかすんで見えるくらいです。

図表4-3　年間設備投資額

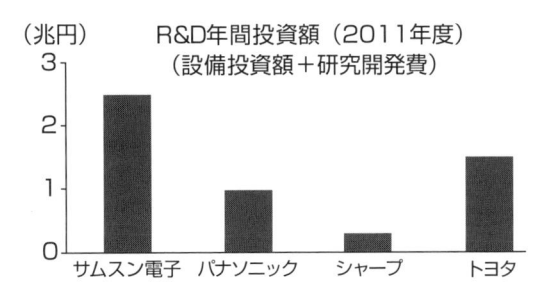

(兆円)　R&D年間投資額（2011年度）
　　　　　（設備投資額＋研究開発費）

企業	金額（兆円）
サムスン電子	約2.5
パナソニック	約1.0
シャープ	約0.3
トヨタ	約1.5

日本で最も多額の研究開発費を使うトヨタ自動車でも年間1兆5,000億円です。国内企業の中ではかなり多い金額ですが，それでも総資産の5％程度に過ぎません。サムスン電子の年間投資額は総資産の20％強に相当します。トヨタ自動車の投資額は絶対額としては大きいですが，企業規模から見れば，かなり安全な範囲で投資しているといえます。

　逆にいえば，多くの日本企業の感覚からすれば，サムスン電子の投資額は常軌を逸しています。総資産の20％強にも相当する2兆5,000億円もの投資をほぼ毎年行うということは，経済合理的な常識ではおそらく正当化できません。しかし，だからサムスン電子は強いのです。

経済合理性が邪魔をする

　投資に対して意思決定をする際は，多くの企業で経済性計算を行って投資の評価をすると思います。

　経済性計算の方法としては，1990年代前半頃までは回収期間による方法やROIによる方法などがまだ主流でしたが，多くの書籍やビジネススクールなどのおかげで，最近では正味現在価値（NPV）や内部利益率（IRR）等による方法もよく知られるようになりました。

　特に，大企業ではNPVやIRRを計算して評価するのは半ば常識となりつつあります。投資を評価する担当者は，ほとんどお約束のようにNPVやIRRを計算し，それを盛り込んだプレゼンテーション資料を作っています。

　そして，このような会計数値と数学的手法にもとづき判断することを人は論理的と呼び，計算結果が妥当であれば「経済合理性がある」というわけです。

　これはこれで非常に重要なことです。経済合理性を無視して，ただ感覚的に判断して行動しているだけでは失敗する確率が高くなってしまいます。

しかし，誰もが知る合理的な手法に従って考えているかぎり，行き着く答えは似通ったものになってしまいます。教科書の公式にただ数字を当てはめて計算しているなら，なおさらです。「投資すべき」という結論も，「投資すべきでない」という結論も，だいたい皆同じになってしまいます。

また，現在主流となっているNPVやIRRにもとづく方法は，ディスカウント・レート（割引率）という形でリスクを考慮しているところに特徴があります。リスクを考慮するということは，高いリスクを排除することを意味します。つまり，NPVやIRRにもとづいて"合理的に"評価しているかぎり，リスクの高い投資案件は片端から棄却されることになります。

大きな冒険をすることなく，周りと同じような行動をとる。それが経済合理性なのです。ある意味では，いいオトナの良識的な判断そのものです。

しかし，自由競争市場において他人と同じことをやっていても，多数のプレーヤーが市場を分け合うだけです。競争に勝てるわけがありません。

競争に勝つためには，選ばれる理由を作らなければなりません。そのためには，他人と違うことをしなければなりません。差別化は競争環境において最も基本となる戦略です。

ところが，経済合理性に従っていたら，他人と違うことなどできません。皆，よかれと思って行っている合理的判断が，知らないうちに差別化を邪魔しているのです。

サムスン電子はなぜ常識破りなのか

では，なぜサムスン電子は常識破りのことができるのでしょうか。

サムスン電子においても，経済合理性にもとづく投資の評価はまず間違いなく行われているはずです。今や世界中から優秀な人材を集める同社には，MBAホルダーの数もおそらく一般的な日本企業よりも多いでしょう。合理的な経営理論を叩きこまれた彼らが，合理的な経済性計算をしないはずありません。

それでも，経済合理的には正当化されそうもない多額の投資ができるのは，おそらく李健熙（イ・ゴンビ）会長と，その長男である李在鎔（イ・ジェヨン）副会長という創業者一族が経営しているからでしょう。

　創業者であれば，合理的な分析結果がどうであれ，それが自らの直感に合わなければ，合理的な結論とは異なる判断をすることができます。やるものは「やる」，やらないものは「やらない」と言えます。

　創業者にとっては，良くも悪くも自分の会社です。そのコミットメント，腹のくくり方は生半可なものではありません。

　誤解していただきたくないのは，経済合理性を否定しているわけではないということです。経済合理的な分析結果には一切耳を傾けず，単に感覚的な好き嫌いだけで判断をするようでは困ります。強力なリーダーシップと独裁的であることは紙一重ですが，経済合理性をまったく無視した感覚的な判断だけでは単なる専横です。

　経済合理的な分析結果を鵜呑みにするのでもなければ，無視するのでもない。経済合理性を踏まえた上で，改めて自分の頭と心で最終判断を下すのです。重要なことは，経済合理性を十分に理解した上で，それを"超える"ことです。

経済合理性の罠に陥るサラリーマン

　このように経済合理性を超えることが，果たしてサラリーマンにできるでしょうか。

　立派な大企業に雇われの身であるサラリーマンが，経済合理性に立てついてまで大胆で常識破りのことをするというのは，相当難しいことです。

　経済合理的に判断することが常識とされる組織の中で，経済合理的な結果に異を唱えれば異端児扱いでしょう。自分の評価は下がり，昇進の道も閉ざされ，左遷の憂き目に遭うかもしれません。一サラリーマンが自分の人生をそんなリスクにさらすことは，ちょっと考えられません。

経営者もまた然りです。自分の在任期間，大きな不祥事もなく，つつがなく終わればそれでいいと思っているサラリーマン社長に，創業社長のようなコミットメントは期待できません。

　また，上場企業であれば，株主に対する説明責任というのもあります。経営者とは，株主という人様のお金を自社のビジネスで運用している"ファンドマネージャ"のようなものです。経済合理性のない投資に大切な人様のお金をつぎ込むわけにはいきません。もし，経済合理的な評価もせずに投資した結果，失敗して株価でも下がったら，株主から責任を追及されかねません。

　逆にいえば，経済合理性に従い行動することが，投資結果が思わしくなかった場合の過失責任に対する免罪符になるのです。

　そうやって，知らないうちに経済合理性の罠に陥り，「他人と違うことをやらなければ勝てない」というビジネスの基本を忘れてしまうのです。

　いうまでもなく，投資においては「どこに投資するか」がまずは重要です。闇雲に巨額のカネを投じればいいわけではありません。

　それを踏まえた上で金額についてだけいうならば，シャープの問題は巷でいわれているような過剰投資にあるのではなく，常識的な範囲の投資額がグローバルな戦いにおいては中途半端だったことにあるのかもしれません。

CASE 13 相次ぎ破格の買収を仕掛けるソフトバンク

―合理性を踏まえて合理性を超える―

本ケースではソフトバンクを題材に、合理性の罠に陥らず、いかにして合理性を超えるかということを考えてみます。

ソフトバンクの業績を加速する2つの買収

2013年4月末、携帯通信事業者各社の決算が出そろいました。その中で、際立った勢いを感じさせたのはソフトバンクでした。

2012年度におけるソフトバンクの連結での業績は、売上高が3期連続で過去最高を更新する前年度比6%増の3.4兆円、営業利益は8期連続で過去最高を更新する前年度比10%増の7,450億円でした。4.3%の減益となったNTTドコモの営業利益8,372億円は完全に射程内に捉えたといえます（図表4-4）。

図表4-4 携帯3社の連結営業利益

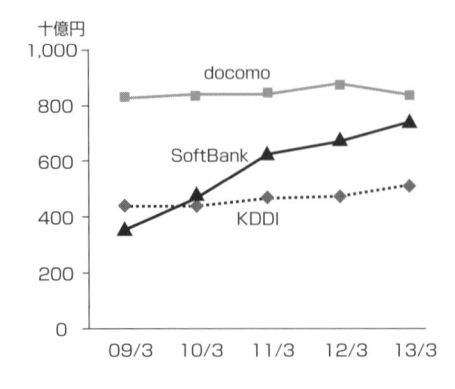

第4章 合理性を超えた先にある競争力

　ソフトバンクの代表取締役社長の孫正義氏によれば，2013年度の営業利益は初めて1兆円の大台を突破する見込みです。ドコモがすでに発表している2013年度の営業利益予想の約8,400億円を大きく上回ります。孫氏が7年前にボーダフォンを買収したときに誓った「10年以内にドコモを超える」という宣言を現実のものにしつつあります。

　ソフトバンクの好調を支えるのは契約者数です。依然人気の高いiPhoneに加えて，改善されつつあるつながりやすさも追い風となって，ソフトバンクは契約者数を増やし続けています。契約者数の純増数では，同社は2013年4月まで16ヵ月連続で首位となっています。

　しかし，ソフトバンクの勢いはこれだけではありません。ソフトバンクは立て続けに大型の買収を発表しました。イー・アクセスと米国スプリント・ネクステルの買収です。

　2つの買収による契約者を合わせるとソフトバンクの契約者数は9,710万件となり，ドコモの6,154万件を大きく抜くことになります。携帯電話事業の売上高は約6兆円となり，世界的にも中国移動（チャイナモバイル）と米ベライゾン・ワイヤレスに次ぐ3位の座につくことになります。

　決算発表の壇上に立った孫氏は，「まさに春が来た，という状況だが，これを英語に直すとSpring has comeになる。もうじきSprint has comeと正式にいえるのではないか」と買収交渉を進めている米Sprintの話題を織り交ぜて会場の笑いを誘いました。

　ソフトバンクがイー・アクセスの買収を発表したのは2012年10月1日でした。2013年2月に株式交換によって完全子会社化。買収額は1,800億円超。これはイー・アクセスの時価総額の約3.5倍に相当する額です。

　実は，イー・アクセスの買収で先行していたのはKDDIでした。ソフトバンクにとってイー・アクセスをKDDIに奪われるのは死活問題です。ソフトバンクは，ドコモとKDDIに比べて電波の周波数帯の割り当てが少ないため，つながりやすさに弱みがありました。もし，KDDIがイー・アクセスを傘下に収め，さらに周波数帯を増やすようなことがあれば，

iPhoneの販売競争で不利になるのは確実でした。

　出遅れたソフトバンクは，KDDIによる買収価格交渉が難航する間隙を縫って，時価総額の3.5倍という破格の買収額を提示してあっという間に巻き返してしまったのです。

　それから10日後の10月11日。今度は米国携帯電話3位のスプリント・ネクステルの買収を発表しました。さらに，同5位のPCSコミュニケーションズの買収も検討しているとの報道も流れました。

　スプリントの買収額は2兆円を超える破格です。しかも，スプリントは5期連続の赤字に苦しむ会社です。

　スプリントの話はKDDIにも来ていました。しかし，メリットがないとみたKDDIは，この話には乗らなかったようです。

　時価総額の3.5倍の買収価額も，赤字会社を2兆円で買収するのも，経済合理性では説明できません。実際，ソフトバンクがスプリントの買収を発表した翌日，ソフトバンクの株価は17%も急落しました。多くの投資家はソフトバンクの一連の買収に否定的だったということです。

合理性の先にあるイノベーション

　無謀とも思えるソフトバンクの行動は今に始まったことではありません。

　ソフトバンクが創業した1981年，まだ資本金が1,000万円で売上がほぼゼロだった当時，あるソフトウェアメーカと独占契約をするために，資本金の5倍に相当する5,000万円を現金で支払っています。

　1995年には，創業してまだ半年しか経たない従業員10数名の米国の赤字ベンチャー企業に100億円も投資して35%の株式を取得しています。

　2006年には，ある企業を2兆円の現金で買収しています。この当時，現金による買収額としては日本においては過去最高，欧米を含めても過去2番目に大きな額でした。買収先企業は減益が加速している状況でした。

いずれの行動も，普通に考えれば狂気の沙汰です。2006年の買収直後は，ソフトバンクの株価は1ヵ月以内に約60%も暴落しました。それが普通の人の感覚にもとづく評価でしょう。

　しかし，今にして振り返れば，いずれも今のソフトバンクにつながる重要な決断でした。

　1981年に独占契約を結んだ相手は，当時ナンバーワンのソフトメーカだったハドソンです。1995年に投資した得体の知れぬ赤字ベンチャー企業はヤフーです。そして，2006年に2兆円もの現金を投じた会社は，同社の携帯ビジネスの礎となったボーダフォン・ジャパンです。

　なぜ，ソフトバンクは無謀とも思えるこのような投資を次から次へとできるのでしょうか。そこには，CASE 12で取り上げたサムスン電子との明確な共通項があります。それは，ソフトバンクのトップである孫正義氏もサムスン電子のトップである李健熙（イ・ゴンビ）氏も，ともに創業者だということです。

　創業者やその一族の真剣さは並大抵のものではないということなのでしょう。創業者一族が経営に関与するファミリー企業の業績が優れていることは，実証研究によっても明らかにされています。

　米国テンプル大学のデイビッド・リーブ教授らは，米国S&P 500に含まれる企業のうち，約35%がファミリー企業であり，その業績は非ファミリー企業よりも優れていることを明らかにしました。

　慶応大学の斎藤卓爾准教授は，日本の上場企業の約3割はファミリー企業で，ROAなどの業績指標も優れた面があることを示しました。

　また，日本経済新聞社の調べによると，上場企業において在任中最も株価を上げた経営者は，上位10社のすべてがオーナー系企業でした。

　ソフトバンクやサムスンに限らず，ファーストリテイリングや楽天など，圧倒的な勢いを示す企業には創業者社長が目立つのは事実です。

　考えてみれば，アップルのiPodに惨敗したソニーには，スティーブ・ジョブズ氏が尊敬してやまなかった盛田昭夫氏（1921年〜1999年）という創

業者がいました。勢いの止まらないサムスン電子の陰で巨額の赤字にあえぐパナソニックとシャープには，それぞれ松下幸之助氏（1894年～1989年）と早川徳次氏（1893年～1980年）という創業者がいました。

創業者が亡くなり，そのDNAが企業から薄れてくるにつれ，どの企業もすっかり普通のサラリーマン集団になってしまうのでしょう。

競争力の源泉であるイノベーションに必要なのは，今日の延長で明日を考えない不連続性です。不連続な変化を起こすためには，合理性を超える必要があるのです。

創業者社長もそのDNAもない圧倒的多数の普通の会社が，いかに合理性を超えるか。一方，そのような創業者がいる会社は，その創業者がいなくなったときにどうするか。いずれも重要な課題です。

イー・アクセスとスプリント・ネクステルの買収合戦で立て続けにソフトバンクに敗れることとなったKDDIのある幹部は，次のように言ったそうです。

「KDDIは普通の会社。どこかの派手な会社とは違う。」

合理性を超えることと無謀は違う

注意しなければならないのは，「合理性を無視しろ」といっているのではないということです。合理性を無視したら，それは単なる無謀です。合理性を踏まえた上でそれを超えるのです。無謀とは違います。

ソフトバンクの投資の仕方も一見すると無謀に見えますが，実はその裏には合理的な計算があります。

孫正義氏は，常日頃から「3割以上のリスクは冒さない」ことを信条の1つにしています。失敗しても，3割までのダメージならば，企業が致命傷を負うことはないからです。

孫氏はいっています。

「トカゲも身体の3割，尻尾までなら切ってもまた生えてくる。でも半

分まで切ったら，はらわたが出て死んでしまう。」

「一か八かはやっちゃいけない。7割以上の勝つという見込みを得るまでは，執拗に理詰めで詰めていく。7割以上勝てることへの100％の確証が絶対に必要なんだ。」

これが孫正義氏の合理性の超え方なのです。

孫氏は，今までも事業からの撤退は何度も行っていますし，撤退するときは即座に撤退します。しかし，人的なリストラをやったことは1度もないそうです。それは，常に3割以上のリスクを冒していないからです。孫氏は，1度も人的リストラをやったことがないことを誇りにしています。

身の丈を超えるような巨額の投資をする際は，財務的なリスクを低減することを十分に考えています。

たとえば，イー・アクセスの買収に際しては，TOB（株式公開買い付け）ではなく株式交換を用いました。そうすることにより多額の現金の支出を抑えられ，有利子負債を必要以上に膨らますこともありません。

ボーダフォン・ジャパンを2兆円で買収したときは現金を使いました。株式交換によって買収することも当然可能でしたが，これだけの額の買収を株式交換で実施すると，ソフトバンク本体の議決権比率が大きく低下することになります。それを避けるために，あえて現金による買収を選択したのです。

一方で，財務的リスクを低減するための周到なスキームが組まれていました。ソフトバンク自身はこの買収に伴う債務保証は一切していないのです。

このときは，買収先の資産を担保に負債を調達するLBO（レバレッジド・バイアウト）のスキームが使われました。しかも，直接に買収したのはソフトバンクとは別会社のソフトバンクモバイルです。

ソフトバンクは，ソフトバンクモバイルに対して資本金として2,000億円出資しただけです。仮にこの買収が失敗してソフトバンクモバイルが倒産しても，ソフトバンク本体が被る損失は出資した2,000億円だけでした。

2,000億円は，当時のソフトバンク本体の企業価値の1割程度の額です。仮に失敗して切り離すことになっても，それはトカゲの尻尾でしかなく，本体の9割は安泰という仕組みを作っていたのです。
　合理的に考えるべきところは執拗なまでに考え抜く。それがあって初めて合理性を超えられるのです。

【参考文献】
孫正義『孫正義リーダーのための意思決定の極意―ソフトバンクアカデミア特別講義―』
　　光文社新書,2011年。
柳川範之「エコノミクストレンド」『日本経済新聞』2013年3月18日朝刊。
「迫真　ソフトバンクの賭け4」『日本経済新聞』2012年11月8日朝刊。

関連理論の解説 4-1

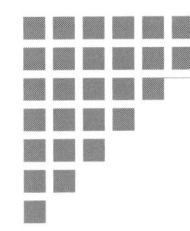

投資を利益で評価できるか

　「費用対効果」と「投資対効果」という言い方があります。「投資」と「費用」は，キャッシュ・アウトという点では行為としてはまったく同じです。両者ともキャッシュ・アウトの効果を問題にしているのです。

　では，何をもって「費用」といい，何をもって「投資」というのでしょうか。

　両者の違いは，キャッシュ・アウトの効果がもたらす時間的長さです。

　概念上は，キャッシュ・アウトの効果が単年度で完結するものを「費用」といい，複数年に及ぶものを「投資」というのです。

　ですから，投資を評価する最大のポイントは，複数年に及ぶ効果をどのように評価するかということです。

利益で見るとどうなるか

　2期連続で赤字になる企業があるとします。一般的にはかなり問題視されるでしょう。

　それが図表4-5の企業だったらどうでしょうか。2期連続赤字といったのはY2年度までです。Y5年度までの業績予測を見ると，尻上がりに利益が増加しています。

図4-5　5年間の業績予測

	Y1	Y2	Y3	Y4	Y5
売上高	20	25	30	50	60
諸費用	10	10	10	10	10
減価償却費	20	20	20	20	20
利益	△10	△5	0	20	30

それでも社長は,「Y1年度とY2年度が赤字なのは困る」というかもしれません。
　実は,これは次のような投資プロジェクトを想定しています。

・Y1年度期首に100の投資をする。
・投資による効果は5年間。
・投資に伴う資産は,耐用年数5年の定額法で減価償却する。

　投資を評価するとは,どれだけお金を使い,それによってどれだけお金を獲得したかを評価することです。そして,獲得したお金の方が多ければ,程度の差はあれ,儲かったということになります。それが「儲かる」ということの本来的な意味です。
　ここでは投資の効果を5年間見込んでいますから,上記の「儲かったかどうか」は当然5年間で評価するべきです。
　5年間で見てみると,売上高の合計は185です。費用については諸費用の合計が50,減価償却費の合計が100です。
　償却期間全体にわたる減価償却費の合計額は資産の取得価額に等しくなっています。それは最初にキャッシュ・アウトした金額です。減価償却とは,最初にキャッシュ・アウトした額を耐用年数にわたって費用を分割計上する手続きですから,減価償却費の合計額が資産の取得価額に等しいのは当然です。
　つまり,この会社は5年間で50 + 100 = 150のキャッシュ・アウトがあるのに対して,185のキャッシュ・インがあるということです。少なくとも5年間で投資する額は回収できます。これで回収の程度が十分だとすれば,この投資はやるべきです。
　ところが利益で判断すると,先ほどのように「Y1年度とY2年度が赤字なのは困る」という話になりがちです。ひいては,「そんな投資は止めてしまえ」ということになるかもしれません。

より現実的なことを考えれば，Y1年度からY2年度の2年間が任期に当たっている社長は，「自分の在任中に利益が減るのは困る」と考えるでしょう。そして，「やるとしても，自分の任期が終わってからやってもらおう」と考えるに違いありません。

　次の社長も，おそらく同じように考えるでしょう。自ら進んで貧乏クジを引くような人は，サラリーマン社長の中にはなかなかいません。

利益は事実の断片

　最終的には儲かるのに，その投資をやらないというのは明らかに間違った判断です。なぜそのようなことになってしまうかというと，それは利益の本来的な性質に理由があります。

　企業では，大小いろいろな投資案件やプロジェクトが同時並行で進んでいます。それが企業で起こっている現実です。利益というのは，その事実を人為的に断片化したものということができます。

　図表4-6(a) を見てください。複数の案件が同時並行的に進行している場合，儲かっているかどうかを判断するには，先ほどの例のように，評価期間全体で見るのが筋です。制度上の会計期間など関係ありません。

　筆者はこのような見方を"ヨコの視点"といっています。

　一方，利益とは，本来連続的である期間を人為的に分断して測定した断片的な情報です。この人為的に分断された1つ1つが会計期間です。そして，ある会計期間にたまたま属した案件の利益をタテに集計したものが決算書の利益です。それが図表4-6(b) です。

　このような見方を筆者は"タテの視点"と呼んでいます。

　これが「利益は事実の断片」の意味です。このような見方では，長期的な視点は失われてしまうのは当然です。

図表 4-6　ヨコの視点とタテの視点

(a) ヨコの視点
儲かっているかどうかを判断することが目的
案件ごとにヨコに集計

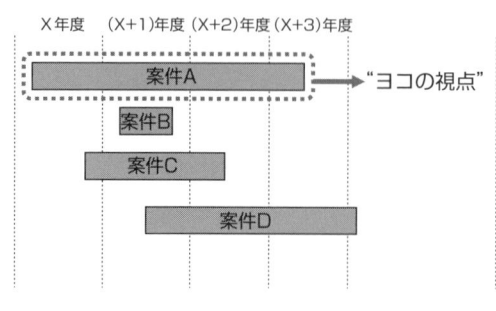

(b) タテの視点
1年ごとの利益を計算するのが目的
属する利益を1年ごとタテに集計

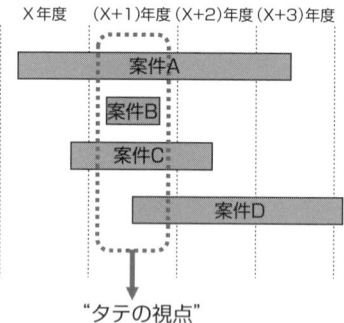

利益は平均的情報

　複数年にわたる事実を分断して見る場合，各会計期間の情報は平準化されていた方が便利です。なぜならば，各期間で平準化されていれば，各会計期間の情報は全体を平均したサンプリング情報になるからです。

　だから，会計処理には利益情報を平準化する処理がいろいろとあるのです。会計の教科書などでは「会計の目的は適正な期間利益の計算」などといわれますが，要するにそれは複数年にわたる利益情報の平準化につながるのです。

　たとえば，減価償却はその最たるものでしょう。減価償却は，すでにキャッシュ・アウトした投資額を，投資の効果が及ぶと思われる期間にわたって費用を分割計上する手続きです。やっていることはキャッシュ・アウト情報の平準化です。

　このような平準化技術によって，本来はヨコの視点で見なければ分からないものを，タテの視点で切り取ったサンプリング情報から近似的に見られるようにしているのです。

　このことからも分かるように，複数年の事実を利益で判断するというの

は，平均値化されたサンプリング情報で判断するということなのです。このような平均値の発想では，時系列でのリアルな動きは見ることができません。

　時系列でのリアルな動きが分からなければ，長期に及ぶダイナミックな判断は当然できません。長期に及ぶダイナミックな視点がなければ，目先の赤字を許容することもできません。後で大きく花開くような案件に思い切って投資することも当然できません。

関連理論の解説 4−2

リスクがとりにくいNPV法

平均値発想からダイナミックな発想へ

利益が事実の平均的な断片である以上，利益を見ているかぎり時系列を意識したダイナミックな判断はできません。

その欠点を解消するのがNPV（Net Present Value：正味現在価値）法です。NPV法とは，以下の式でNPV（正味現在価値）を計算し，これがプラスならば投資すべきと考える方法です。

$$NPV = \sum_{i=1}^{n} \frac{CF_i}{(1+r)^i} - I$$

CF_i：投資から i 年後に得られるキャッシュ・フロー
I：初期投資額
r：投資に対する期待利回り（割引率）
n：投資の評価期間

IRR（Internal Rate of Return：内部利益率）法も原理的には同じです。IRR法とは，以下の式からIRR（内部利益率）を計算し，それを投資に期待する利回りと比較する方法です。

$$\sum_{i=1}^{n} \frac{CF_i}{(1+IRR)^i} - I = 0$$

CF_i：投資から i 年後に得られるキャッシュ・フロー

I：初期投資額
　　　n：投資の評価期間

　一般に，NPVとIRRは図表4-7のような関係にありますので，特別な場合を除き，両者の評価方法は等価といえます。

図表4-7　NPVとIRRの関係

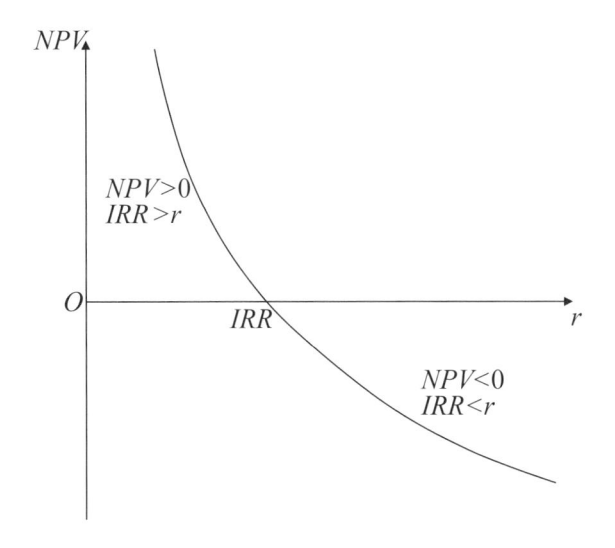

```
NPV↑
   │
   │ NPV>0
   │ IRR>r
   │  \
   │   \
   O────\──────────→ r
         IRR  \
               \  NPV<0
                \ IRR<r
                 \___
```

　NPV法またはIRR法は実務においてもすっかり定着した感があります。少なくとも大企業に関していえば，投資の評価をする際にはほとんどすべての会社でNPV法かIRR法かのいずれかが使われているといっていいでしょう。
　この方法がそれほどまでに普及した理由は，投資の評価方法として現時点で最も合理的な方法と考えられているからです。
　確かにこれらの方法は，キャッシュの時間価値を考慮する点で合理的といえます。
　キャッシュの時間価値とは，同じ100円でも今日の100円と明日の100

円では価値が違うという考え方です。

今日の100円は現に手にしている100円ですが，明日の100円は本当に手にできるかどうか分かりません。その不確実性の分だけ，明日の100円の方が価値が低いと考えるのです。

この考え方によれば，明日よりも1年後，1年後よりも2年後の方が不確実性が高まりますので，同じ100円でもそれを手にする時期が先であればあるほど，一定の率をかけて価値を目減りさせます。目減りさせる際に用いる率を割引率といいます。

NPVの計算では，投資に対する期待利回りrが割引率です。

リターンに関して不確実性（リスク）が高ければ，高いリターンが得られなければ見合いません。世の中，何事もハイリスク・ハイリターンが原則です。

理論的にも，投資に対する期待利回りはリスクの関数になっています。すなわち，NPV法における割引率は投資に対する期待利回りであるのと同時に，リスク・ファクターでもあるのです。

合理的ゆえにリスクがとれない

NPV法はヨコの視点で長期的に見ていることに加えて，将来的なリスクも織り込んでいる点で，非常に合理性の高い評価方法といえます。

たとえば，ある投資に伴う将来のリターンの不確実性が高いとしましょう。その場合は割引率を高くします。割引率を高くすると割引後の将来リターンが小さくなるので，その投資から相当のリターンが見込めなければNPVはプラスになりません。

このように，NPV法においてはリスクの高い投資案件は厳しい目で評価されることになりますので，企業がリスクから守られることになります。

しかし一方で，これはリターンが確実に見込める投資案件しか社内で通らなくなることを意味します。これでは何の革新性もない投資ばかりに

なってしまいます。

　このような仕事の仕方からイノベーションを期待することはかなり難しいでしょう。なぜならば，イノベーティブな投資にはリスクが付きものだからです。どうなるか分からない，やってみなきゃ分からない不確実性があるからこそ，それが成功したときにイノベーションになるのです。

　NPV 法は合理的であり，数学的にも完成度が高いだけに始末が悪いのです。

　そこには有無をいわさぬ強制力があります。少なくとも，NPV 法がこういうものであるということをちゃんと理解していない者は，数学的に計算された NPV 法の前では何の反論もできないことと思います。

　NPV 法によって「投資すべきでない」という結果が出ているときに，思いの丈を熱く語ってその結果を覆すようなことは，ドラマの中でもないかぎり難しいでしょう。

　そのような仕事の進め方を「サラリーマン仕事」といってしまえばそれまでですが，上司に「そこまでいうなら，お前，責任とれるのか」とすごまれたら，一担当者がそこまでする気にはなれないのが現実でしょう。

　リスクをとって失敗した場合に責任を追及されるなら，リスクをとらず何もしなかったために逃したリターンの責任も追及されて然るべきです。しかし，その責任は追及されません。NPV 法という合理的な方法にしたがって意思決定した事実が，無作為の罪に対する免罪符となるのです。

　かくして，エクセルがはじき出す機械的な結果によって，イノベーティブな投資は合法的にことごとく葬り去られてしまうのです。

だからベンチャー・キャピタルは成功しない

　NPV 法の発想は，リターンが確実な投資にしか手を出さない考えにつながります。株式投資でいえば，値上がり確実な株式にしか手を出さないということです。ハイ・リスクな株式は見送られます。

日本でベンチャー・キャピタルがなかなか機能しないのも，1つにはこのような考え方があるからだろうと思います。

　本来，ベンチャー・キャピタルというのは，海のものとも山のものとも分からない創業間もないベンチャー企業に対して資金を提供する存在です。だからこそ，そのような資金を「リスク・マネー」というわけです。

　ところが，日本の大半のベンチャー・キャピタルは，ベンチャー企業が本当に資金を必要としているアーリーステージでの投資には及び腰です。資金回収のリスクが高いからです。

　上場がかなり確実になってから，初めて投資をするベンチャー・キャピタルも少なくありません。上場が確実になれば，NPV法でも投資を正当化できます。

　これではまるで銀行です。"ベンチャー"・キャピタルなど名ばかりです。このような投資の仕方でベンチャー・キャピタルが大きなリターンを得るはずがありません。

　サラリーマン的な発想と働き方ではベンチャー・キャピタルは務まらないとよくいわれます。リスクはとれないし，リスクをとって大きなリターンを得たとしても，ベンチャー・キャピタリスト個人には大して還元もされません。それが典型的な日本のベンチャー・キャピタルです。

　優等生的な数字の計算よりも，直感と熱い思いにかけることの方がベンチャー・キャピタルにとっては重要な場合も多くあります。サラリーマン的なベンチャー・キャピタルにそれを望むのは到底無理な話です。

ポートフォリオで考えるべき

　NPV法で評価するとしても，すべての投資案件で正味現在価値がプラスである必要はありません。会社全体で正味現在価値がプラスになればいいのですから，ある投資案件で正味現在価値がマイナスであっても，それをカバーしてくれる投資案件が他にあればいいはずです。

しかし，すべての投資案件で正味現在価値がプラスであることを判断基準としている場合が少なくありません。これはおかしなことです。合理性を超える云々以前の話です。

そもそも，企業が複数の投資を行うのは，投資リスクを分散させたいからです。すべての投資がうまくいくわけはないのですから，複数の案件がお互いにカバーし合えるようにするのです。

相互の投資案件の関連性が小さければ小さいほど，リスクは小さくできます。「すべてのタマゴを同じカゴに入れるな」といわれる分散投資の基本です。

個々の担当者がNPV法を機械的に使うと，「とにかく正味現在価値がプラスでなければだめだ」と考えてしまいがちです。

これは一担当者としては無理もありません。「他の投資案件がカバーしてくれるから，この投資案件はそれほどでなくてもいい」などという判断は，高所から見ないとできないからです。一担当者の分際で，「この投資案件は満足なリターンが出なくてもいいんです」などとはいえません。

高所からの判断は上位の管理職の仕事です。投資案件全体のポートフォリオ全体で考え，場合によっては一部の案件ではマイナスを許容するという視点は，特にイノベーションということを考えた場合は，上位の管理職にとって非常に重要な視点でしょう。

第5章

会計は誰のためにあるか

CASE 14 押し売りと化す顧客維持型マーケティング
―顧客価値は本当に顧客にとっての価値か―

　本ケースでは，管理会計の観点からマーケティングについて考えてみましょう。

　「利益の源泉は顧客である」―これがマーケティングの基本的な考え方といっていいでしょう。しかし，会計の世界にはこの考え方は希薄です。何かにつけ目にするのは製品・サービス別の損益計算です。これは「製品・サービスが利益の源泉」というプロダクト・アウト的な発想に他なりません。もし利益の源泉が顧客だと考えるなら，顧客別に損益を管理するという考え方がもっとあるはずです。

　このようなことを考えるだけでも，一見関係ないように思える管理会計とマーケティングは実は密接に関係していることが分かります。

花屋さんの売上を増やす2つのアプローチ

　町の花屋さんが売上を増やすにはどうしたらいいでしょうか。

　まず考えつくのは，市場シェアを伸ばすことです。その場合は，この街における他の花屋さんと顧客の争奪戦を繰り広げることになります。

　そのために，たとえば母の日やお盆，お彼岸の時期にチラシなどを大量に配って特別セールなどをやるかもしれません。それがうまくいけば，客足が増え，売上も増えるでしょう。

　ただ，他のお店も同様のことをすることは容易に考えられます。そうすれば，他店にもお客さんが流れますから，思ったほど客足は伸びないかもしれません。その上，チラシなどの広告宣伝費は増加しますから，利益は

むしろ減少する可能性もあります。もし他店が値下げでもしようものなら，価格競争に巻き込まれて，それこそ利益は減少してしまいます。

　また，売上が増えたとしても，絶えず他のお店と顧客の争奪戦をしていますから，売上の増加が一過性のもので終わる可能性も十分にあります。

　花屋さんが売上を増やす方法はもう1つあります。それは特定の顧客との取引量を増やすことです。

　ある男性顧客が奥様の誕生日に花を贈ったとしましょう。花屋さんはその奥様の誕生日を記録しておき，翌年からはその誕生日の1月前にハガキを送るのです。そして，奥様の誕生日が近いこと，今までに贈った花の種類，今年のお薦めなどを知らせ，今年も花を贈る場合は電話一本で配達する旨を知らせます。

　このようにすれば，たった1度きりの取引で終わってしまった可能性のある顧客との取引を，継続的に反復させることができるようになります。

　もし，その誕生日がお彼岸やクリスマスなどの他のイベントと近ければ，ハガキにはそれらのイベントにお薦めの花の広告と値段を載せておきます。そうすれば，毎年1回だけだった取引量を，年間を通じて複数回にすることができます。

　さらに顧客との関係が深まれば，他の家族の誕生日や記念日を知ることもできるでしょう。そうなれば，さらに取引量は増加していきます。

　前者の市場シェアを重視するアプローチは，「顧客開拓型マーケティング」です。一方，後者のアプローチは，「顧客維持型マーケティング」です。ワン・トゥ・ワン・マーケティングやリレーションシップ・マーケティング，CRM（Customer Relationship Management）などといわれるのも顧客維持型マーケティングです。

　顧客維持型マーケティングが注目されるようになったのは，「上位20%の顧客によって会社の80%の利益がもたらされている」という，いわゆる「20対80（ニッパチ）の法則」が知られるようになったことが大きいでしょう。加えて，顧客維持コストは顧客開拓コストに比べてかなり低い

のが普通です。であるならば，上位20%に属すような優良顧客を維持することに注力した方が，少なくとも利益の面からは有利なわけです。

陳腐化する手段

　顧客維持型マーケティングは，コンセプトとしては素晴らしいのですが，実際にはあまりうまくいっていないというのが筆者の見立てです。

　顧客維持型マーケティングの例として，誕生日や結婚記念日などに顧客にハガキを送る花屋さんの例をあげました。顧客としては，思いがけなくそんなハガキをもらえば確かに嬉しいものです。自分を特別扱いしてもらっているような気にもなり，感動もするでしょう。

　これは思いがけないからこそ驚きも感動もあるのです。この手の花屋の話はあまりにも広く知れ渡ってしまったために，どこの企業も同じようなことをやるようになってしまいました。

　その結果，どうなったでしょうか。記念日になれば，ありとあらゆる企業から同じようなハガキが何枚も届くようになっています。

　このような手段はすっかり大衆化してしまいましたから，それを受け取る顧客側も手の内は知り尽くしています。今さらその手のハガキをもらっても，さほど驚きも感動もしません。「どうせデータベースで誕生日などの記念日を検索して，合致した顧客に機械的にハガキを送っているんだろう」ということを誰もが知っていますから，感動するどころか，白けてしまいます。

　顧客ごとに「○○様」という宛名を付けて送られてくる電子メールは，あたかも個々の顧客ごとに書いて送ってきているように見えますが，ITを使えば同じ文面で宛名だけ差し替え，メーリングリストを使って大量に自動発信することぐらい，いとも簡単にできることは誰でも想像がつきます。

　ログインする度に自分用にカスタマイズされた画面が立ち上がるショッ

ピング・サイトなども，あたかも個々の顧客ごとにパーソナライズされたような演出をしていますが，これも IT を使えば簡単にできる話です。

　家電量販店のポイント・プログラムや航空会社のマイレージ・サービスも大衆化してしまったという点では同様です。これらのポイント・プログラムの狙いは基本的に顧客の維持にありますが，今やポイント・プログラムのない家電量販店もマイレージ・サービスのない航空会社もないに等しいのが現状です。

　家電量販店で店員さんから「ポイントカードはおもちですか」と聞かれて，顧客が「ありますけど，えーと，どれでしたっけ？」といいながらトランプのように複数のポイントカードを広げたという笑えない笑い話まであります。

　こうなってしまっては，顧客は多くのカードをもたされて煩わしいだけです。顧客維持の効果などほとんど期待できない上に，顧客に不快感さえ抱かせてしまっています。これでは完全に逆効果です。

押し売り化する顧客維持型マーケティング

　このような企業行動は，顧客のロイヤルティを高めて維持率を上げるという手段に焦点が当たり過ぎた結果です。

　本来，顧客維持型マーケティングは，顧客のロイヤルティを高めることによって，顧客に「また買いたい」という気を起こさせるプル型のマーケティングのはずです。ところが，顧客のロイヤルティを高めて維持率を上げるという手段ばかりに焦点が当たってしまうと，次から次へとハガキを送りつけるようなプッシュ型の行動が際立ってしまいます。

　顧客にしてみれば，テレビのようなマスメディアがハガキという個別媒体に変わっただけで，企業からの一方的な広告宣伝情報にさらされているという点では何も変わりません。結局は企業からの一方的な情報の押し売りです。テレビから流れてくる CM は聞き流せば後に残ることはないで

すし，嫌ならテレビのスイッチを切ることができますが，個人的に送られてくるハガキやスパムメールの山は，放っておけば溜まる一方ですから，かえって厄介です。これでは顧客はうんざりです。

　筆者はあるとき，クレジットカードの変更を検討したことがありました。そのとき，すでにそのカードを使っている友人にそのカードの使い勝手を尋ねたところ，返ってきた返事は以下のようなものでした。

　「いいと思うよ。大量のダイレクトメールが送られてくることを除けばね。」

　これが顧客のいつわらざる本音です。これでは顧客維持どころか，かえってロイヤルティを下げる結果になってしまいます。

ITのツールになり下がったCRM

　顧客維持型マーケティングの普及はIT抜きには考えられません。その代表格がCRMソフトと呼ばれるものです。

　CRMソフトでは，たとえば電話番号や顧客番号から特定の顧客情報をコンピュータの画面上に自動的にポップアップさせたりすることができます。その画面には顧客の取引履歴や現在の取引経過などの情報がまとめられていますから，見ず知らずのオペレータでも，まるで昔から知っているかのように応対することができます。

　場合によっては，オペレータが話すべき標準的なセリフも表示され，その時々に顧客に勧めるべき関連商品などが示されるものもあります。

　また，顧客の取引履歴や趣味嗜好に応じてパーソナライズされたWebページを表示したり，顧客の名前が入ったメールを送ったりすることなどはいとも簡単にできます。

　機能的にはありがたいソフトウェアですが，これもまた顧客維持型マーケティングを失敗させている一因です。

　このようなCRMソフトのおかげで，頼みもしない大量のメールが顧客

のPCや携帯に送られてきます。しかも，内容はさほど大したものではありません。そんなメールがそれこそいろいろな会社から送られてきますから，顧客は見る気も起こりません。そんな意味のない大量のメールに紛れて，本当に重要なメールを見逃してしまったり消してしまったりしたら，それこそ顧客にとってはいい迷惑なだけです。

　顧客維持型マーケティングというコンセプト自体は決して間違っていませんが，ITによってそれが単なるツールとなり，スパムと化したメールの洪水になれば，単なる情報の押し売りです。受け取る顧客にしたら迷惑なだけです。

　このような反省から，「相手の許可をもらってからメールを送らないと逆効果になる」という「パーミッション・マーケティング」なる概念も登場したくらいです。

　そもそも，CRMとはカスタマー・リレーションシップ・マネジメントのことですから，本来は顧客維持型マーケティングそのものを指す言葉です。それがいつの間にかITツールを指す言葉になってしまっているのが現状です。

　魂の入っていない単なる手段としてのITほど，安っぽいものはありません。

　単なるITのツールになり下がってしまったCRMのおかげで，顧客維持型マーケティングはますます押し売りと化してしまっているのです。

「顧客価値」は本当に「顧客の価値」か

　このように，顧客維持型マーケティングが押し売り化するのは，「顧客価値」なる概念に一因があると筆者は考えています。

　従来の顧客開拓型マーケティングは新たな市場や顧客を開拓していくことが目的ですから，「市場シェア」の拡大が目標となります。

　それに対して顧客維持型マーケティングは，同一顧客における当社との

取引額の割合を増やすことを目指します。重視されるのは，顧客内に占める当社のシェア，すなわち「顧客シェア」です。

顧客シェアを測る指標として考え出されたのが「顧客価値」です。顧客価値は，顧客が企業にもたらす将来キャッシュ・フローの現在価値として定義されます。

顧客維持型マーケティングでは，顧客価値の高い顧客が優良顧客であり，その顧客価値をますます高めることが目標とされるのです。

現在価値を考えるということは，時間軸の中で長期的な顧客の価値を考えるということです。従来は一時点のシェアしか考えませんから，そこには時間軸の概念はありません。時間軸の中で顧客の価値を考えるという点で，顧客価値という指標は画期的といえます。

しかし，顧客価値は，本当の意味での「顧客にとっての価値」にはなっていません。なぜならば，顧客価値は企業価値と等価だからです。顧客価値は顧客の切り口で見てはいますが，その実態は顧客をとおして企業にもたらされる将来キャッシュ・フローです。企業にもたらされる将来キャッシュ・フローの現在価値とは，すなわち企業価値です。

つまり，「顧客価値の最大化」といいつつ，その実は企業にとっての価値を最大化しようとしていることに他なりません。顧客価値は，「顧客にとっての価値」にはなっていないのです。顧客価値という指標が企業価値と等価ならば，それを拠り所にした行動は企業本位の押し付けがましい行動になってしまうのは当然の帰結です。

そういう意味では，顧客維持型マーケティングの失敗の根本原因は，顧客価値を業績管理指標に据えたことにあるのかもしれません。

これもまた，人は採点基準通りに行動することを物語る1つの事例といえます。

CASE 15　株主重視は本当か

―"人件費前利益"という考え方―

　本ケースでは，よくいわれる「株主重視」について考えてみたいと思います。その本質を考えることによって，それぞれの会社がとるべき管理会計のカタチのヒントが見えてきます。

従業員満足度が最優先のサウスウェスト航空

　米国サウスウェスト航空は，米国大手エアラインの中で唯一創業以来連続して利益を出し続けているエアラインです。その収益性の高さの一因は，顧客満足度の高さです。

　サウスウェスト航空は，米国連邦航空局が調査している定時性，苦情率，荷物の紛失率の3つの調査において，過去何十回もトップをとっています。米国大手エアラインの中で，そのような"三冠王"を達成した企業は皆無です。

　顧客満足度の高さで何かと注目されるサウスウェスト航空ですが，それは顧客のいうことなら，どんな不条理な要求であっても何でも応えるというのとは違います。

　サウスウェスト航空のかつてのCEOは，「米国では，『顧客は常に正しい』ということが宗教のように信じられているが，顧客が常に正しいとはいえない」という趣旨のことをいっています。

　同社はこの考え方を明確な行動として実践しており，顧客が従業員に対して失礼な振る舞いに及んだときは，CEOが自らその顧客に電話をかけ，「態度が改まらない場合は，二度とサウスウェスト航空に乗らないでくれ」

と伝えるそうです。

　サウスウェスト航空においては，顧客満足度よりも従業員満足度の方を重視しているのです。なぜならば，顧客満足度を生み出すのは従業員満足度だからです。

　確かに，会社に対して不平不満を感じている者が，顧客の満足度を高められるとは思えません。何より，満足していない自社の製品やサービスを顧客に売るというのは，顧客に対して不誠実でもあります。

従業員満足度は生産性も高める

　サウスウェスト航空は従業員の生産性の高さでも際立っています。たとえば，従業員1人当たりの乗客数の数は，米国大手エアラインの中で同社が群を抜いています。

　具体的にどのようなことが行われているかというと，たとえば深夜の出発便の場合にパイロットが荷物の処理をしたり，客室乗務員が日常的に客室の清掃をしたりするようなことが普通に行われています。

　1人の従業員，しかも専門性をもった従業員が複数の業務を行うというのは，職務分掌が細かく規定されている個人主義の米国においては珍しいことです。しかも，従業員の90%近くが職能別組合に参加しているにもかかわらずです。

　さらに，離発着時間の業界平均が40分以上であるのに対し，同社は離発着の3分の2は20分以内に行われています。これによって，機材の稼働率を高めています。

　パイロットの稼働率も競合他社に比べて40%も高いといわれています。

　同社は米国で最も働くのに適した職場10社の1つに選ばれたこともあり，従業員の定着率もエアライン業界の中で屈指の高さを誇っています。

　同社は他のエアラインと比べて特に給料が高いわけではありません。それなのに従業員が高い生産性で効率よく働くことができるのは，やはり従

業員の満足度の高さにあるのです。

ポスト資本主義という考え方

　サウスウェスト航空の事例は，最も重要なステークホルダーは誰かという根源的な問いかけをわれわれに投げかけているといえます。サウスウェスト航空の考え方は，従業員満足度が１番で顧客満足度は２番目，そして３番目にやっと株主なのです。

　一般的には，株主を最重要視する考え方が強いと思います。特に，米国型の経営においては，株主価値の最大化を最上位の命題に据えている企業が数多くあります。その影響を少なからず受けた日本でも，多くの企業が「株主重視」といっています。

　そもそも，株式会社の実質的所有者は株主です。会社法制においても株主総会が最高意思決定機関に位置づけられていますから，株主が最も重要というのは資本主義の経済システムにおいては教科書通りの考え方です。

　ところで，資本主義とは何でしょうか。非常に簡単にいってしまえば，それは「カネがカネを生む」という考え方でしょう。

　確かに，カネが重要な経営資源であることは間違いありません。カネがあれば新たな富を生み出せるというのも事実でしょう。

　大雑把な言い方ですが，たとえば新興国で起きている製造業の現実はそういうことです。日本や米国のメーカはカネがあれば新興国に土地を買え，カネがあればそこに工場を建てられ，カネがあればそこに最新鋭の設備を導入でき，カネがあれば原材料を買うことができます。あとは，農業しかやったことのないような低賃金の作業者を農村部から連れてくれば，明日からでも物が作れて富を生み出せます。

　これが，カネがカネを生み出す資本主義です。

　しかし，P.F. ドラッカーは，カネはもはや最も重要な経営資源ではなくなっていると指摘しています。新たな富を生み出すのはカネではなく，知

識であり知恵である—それがドラッカーの指摘です。このような考え方をドラッカーは「ポスト資本主義」と呼んでいます。

確かに，カネだけがいくらあっても，アップルのiPodやiPhoneは作れません。その元となるアイデアがなければ話になりません。

誰かが考えた製品を，安価かつ大量に作る"世界の工場"という役割を負っている国ならばまだしも，すっかり豊かになり人件費も高くなった先進国においては，カネがカネを生むほど単純な話ではなくなっているのです。

では，知識や知恵という，今どきの会社にとって最も重要な経営資源をもっているのは誰でしょうか。

従来から最も重視されてきた株主は，カネは提供できても知識は提供できません。また，カネがいくらあっても，ひらめきやセンス，ノウハウのようものは買えません。

知識を提供できるのは，いうまでもなく会社で働いている従業員です。そうであるならば，最も重視すべきステークホルダーは従業員ということになります。

財務会計のカタチでは人は報われない

財務会計でおなじみの損益計算書は，売上高から始まってさまざまなコストが引かれ，最終行の当期純利益に至るカタチをしています。そして会社で働く人々は，もしかしたら何の疑問ももつことなく，ボトム・ラインの当期純利益を最大化するように行動しているかもしれません。

ここに1つの問題があるのです。

損益計算書は1つの見方として「富の分配プロセス」と見ることができます。すなわち，すべての富の源泉である売上高から，売上原価で仕入業者に富を分配し，人件費で従業員に対して富を分配し，支払利息で債権者に富を分配し，法人税等で国と地方自治体に富を分配します。そして，最後に残った当期純利益はすべて株主のものになるわけです（図表5-1）。

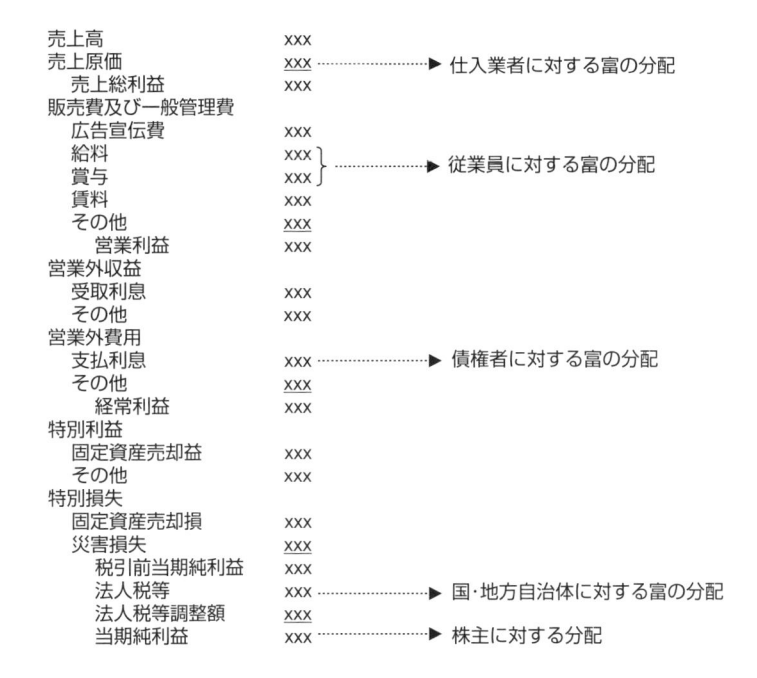

図表5-1　損益計算書は富の分配プロセス

```
売上高                    xxx
売上原価                  xxx ·············▶ 仕入業者に対する富の分配
  売上総利益              xxx
販売費及び一般管理費
  広告宣伝費              xxx
  給料                    xxx ┐
  賞与                    xxx ├············▶ 従業員に対する富の分配
  賃料                    xxx │
  その他                  xxx ┘
    営業利益              xxx
営業外収益
  受取利息                xxx
  その他                  xxx
営業外費用
  支払利息                xxx ·············▶ 債権者に対する富の分配
  その他                  xxx
    経常利益              xxx
特別利益
  固定資産売却益          xxx
  その他                  xxx
特別損失
  固定資産売却損          xxx
  災害損失                xxx
    税引前当期純利益      xxx
  法人税等                xxx ·············▶ 国・地方自治体に対する富の分配
  法人税等調整額          xxx
    当期純利益            xxx ·············▶ 株主に対する分配
```

　ということは，ボトム・ラインの当期純利益を最大化するために，それに至るコストをすべて削減対象とすることは，すべてのステークホルダーの中で株主を最も重視するといっていることに他なりません。他のステークホルダーへの富の分配を犠牲にしてでも，株主への富の分配を最優先するといっているのです。

　「そんなふうには考えたこともない」というかもしれませんが，当期純利益を最大化しようとする企業行動が，事実としてそうなっているのです。

　従業員への富の分配である人件費も，その他の費用と同様に扱われていますから，ボトム・ラインである当期純利益を最大化しようとしているかぎり，構造的に人件費は削減対象にしかなりません。財務会計で物事を考えているかぎり，働いている人が経済的に報われることは構造的にあり得ないのです。

「人件費前利益」という考え方

「我が社の従業員は単なる『人材』ではなく『人財』だ」などという会社があります。そんな口先だけの言い回しだけではなく、本気で「人が大切、人こそ資本」と思うならば、人件費と他のコストを十把一絡げに扱うべきではありません。場合によっては、人件費はコストの中でも特別扱いにし、株主への富の分配よりも優先させるような考え方があってもいいはずです。

しかし、そう思っても、財務会計の損益計算書のカタチのままでは、人件費を特別扱いしようにも特別扱いしようがありません。そこで、たとえば図表5-2のような損益計算書を考えてみましょう。

ここでは、人件費とそれ以外のコストを分け、人件費以外のコストがすべて引かれた「人件費前利益」というものを設けます。

この人件費前利益から、人件費を最後に引いて税引前当期純利益を計算します。

図表5-2　人件費前利益という考え方

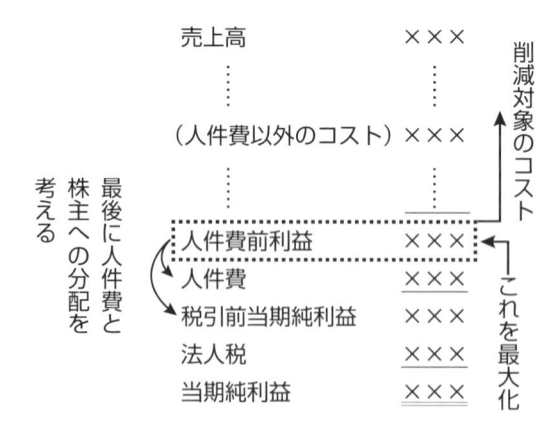

売上高	×××
⋮	
（人件費以外のコスト）	×××
⋮	
人件費前利益	×××
人件費	×××
税引前当期純利益	×××
法人税	×××
当期純利益	×××

・削減対象のコスト
・これを最大化
・最後に人件費と株主への分配を考える

このようなカタチにした上で，人件費前利益の最大化を経営目標に据えます。当期純利益の最大化ではありません。

　人件費前利益は，従業員と株主への富の分配原資になっていますので，これを最大化するということは，株主と従業員を同列に考えるということです。

　このようなカタチになっていれば，人件費以外のコストは，従来通り削減対象と考えたとしても，人件費はその中に入っていませんから，人件費がいきなり削減対象になることはありません。

　従業員と株主への富の分配原資である人件費前利益を最大化した後で，最後に人件費と株主への分配を考えることができます。

　仮に，業績が悪く，従業員と株主の双方に対して十分な富の分配をするだけの人件費前利益が出なかったとしましょう。その場合，最後の当期純利益が赤字になって無配に転じるようなことになっても，当期純利益より人件費を守るという考え方があってもいいはずです。そうすることの方が，「知識の提供者である従業員こそ最も重要」と考えるポスト資本主義にも整合的です。

　そうなった場合，経営者は株主総会において，「申し訳ありませんが，当社は従業員の雇用と給与を守ることを優先し，当期は無配とさせていただきます。そうすることが従業員のモチベーションを維持し，長期的には株主の皆様にも今まで以上に経済的還元をすることができると信じております」というくらいのことを言ったっていいのです。

　ただし，大前提を忘れてはいけません。「人件費はすべて守られるべきだ」などというつもりは毛頭ありません。あくまでも信賞必罰が大原則です。守られるべきは，会社の業績に貢献している人の人件費だけです。

　会社の業績に貢献しない人件費が削減対象になるのはいうまでもありません。

【参考文献】

ジェームス・L・ヘスケット，W・アール，サッサー・ジュニア，レオナード・A・シュレンジャー著，島田陽介訳『カスタマー・ロイヤルティの経営―企業利益を高める CS 戦略―』日本経済新聞社，1998 年。

P.F. ドラッカー著，上田惇生・佐々木実智男・田代正美訳『ポスト資本主義社会―21 世紀の組織と人間はどう変わるか―』ダイヤモンド社，1993 年。

関連理論の解説 5−1

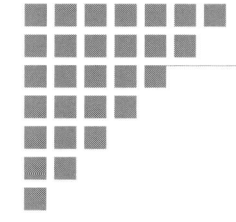

顧客志向の管理会計

なぜ製品・サービス別に利益を管理するのか

　何らかのセグメントに分けて損益を管理することが多いと思いますが，ほとんどの企業は製品・サービス別に損益を管理しているようです。部門別という切り口も多いと思いますが，部門は製品・サービス別に分けられていることがほとんどですので，実質的にはやはり製品・サービス別で損益を管理しているのが実態でしょう。

　ところで，なぜ製品・サービス別に損益を管理するのでしょうか。

　その1つの理由は制度の影響だと思われます。

　日本では1988年から有価証券報告書においてセグメント情報の開示が義務づけられました。それ以降，何度かの改正を経て，2010年4月からはいわゆるマネジメント・アプローチにもとづくセグメント情報の開示が義務づけられるようになりました。その間，中心的なセグメントはずっと製品・サービス別という切り口です。

　マネジメント・アプローチにもとづくセグメント情報はIFRS（International Financial Reporting Standards：国際財務報告基準）の考え方を日本基準に取り込んだものです。本来，IFRSにおけるセグメントは，従来の日本基準のように固定的に決まっているわけではありません。そもそも，マネジメント・アプローチのコンセプトは「管理会計の切り口をそのまま制度的な開示にも使ってください」ということですから，それが一律に固定的であるはずがありません。

　ただ，IFRSも日本基準も，基準に掲載されている開示例は製品・サー

ビス別のセグメント情報です。これはあくまでも開示例ですが，例といえども相当の影響力をもつのが制度の常です。実質的には1つのスタンダードという位置づけになることが容易に想像できます。

実際，すでにIFRSが強制適用されているEUでは大半が製品・サービス別のセグメント情報を開示しており，それ以外の切り口で開示している企業はごくわずかです。

EUでさえこのような状況ですから，横並び意識が強い日本においてはますます製品・サービス別のセグメント情報だらけになるのではないかと思われます。

利益の源泉は何か

製品・サービス別に損益を管理する理由には，おそらくもう1つあります。それは，製品・サービスが利益の源泉だと思っているからです。そうでなければ，製品・サービス別の利益に関心をもつはずがありません。無意識的だとしても，製品・サービス別に損益を管理するということはそういうことです。

果たして，利益の源泉は製品やサービスでしょうか。確かに物質的に満たされていなかった1970年代までは作れば売れる時代でした。そのような外部環境においては，確かに利益をもたらすのは製品だったかもしれません。

しかし，これだけ物が溢れかえり，ひととおりの必需品はほとんどの人がもっている現在において，製品が売れるか売れないかは買い手である顧客の意思にほぼ100％依存します。

つまり，利益は顧客がもたらすのです。少なくとも，そう考える視点は非常に重要です。

製品・サービスが利益をもたらすと考えるのはプロダクト・アウト的な発想です。供給者側の思い上がり，エゴといってもいいでしょう。

日本の製造業，特に歴史のある製造業の中には，未だに「いいものを作れば売れる」と思っている企業もあるようです。しかし，現実はそうではありません。

　いいものを作れば売れるならば，ベータ方式ではなくVHS方式のビデオが市場を席巻した歴史や，マッキントッシュではなくウィンドウズがパソコンの市場で圧倒的なシェアを占めていることは説明できません。技術的に優れているだけでは売れないのです。

　もちろん，性能や品質に致命的な欠点があればそもそも勝負になりません。ですから，いいものを提供するのは最低限の前提条件です。その上で，顧客に目を向けることが必要なのです。

　利益の源泉を顧客と考えるのはマーケティングの考え方です。マーケティングは単なる広告宣伝活動でも営業活動でもありません。マーケティングとは，より多く売れるようにするための戦略にかかわるものです。

　マーケティングの詳細は他書に譲りますが，その基本的プロセスを要約すれば，何らかの切り口で市場を切り分け（セグメンテーション），狙う市場を決め（ターゲティング），その狙った市場に投入する製品・サービスを決め，投入方法を考える一連のプロセスといえます。

　ここでのポイントは，誰に売るかが先決で，何を売るかは後だということです。「何を誰に売るか」ではなく，あくまでも「誰に何を売るか」ということです。

　マーケティングのマインドはここに凝縮されているといっていいでしょう。

20対80の法則

　「何を売るか」よりも「誰に売るか」の方が重要であるという考え方を広めるのに一役買ったのが，今や非常に有名になった「20対80（ニッパチ）の法則」です。

横軸に顧客数，縦軸に利益をとり，企業にもたらす利益の多い順に顧客を並べると，ほぼ例外なく図表5-3のような曲線になります。この図が教えることは，企業の利益の80%は上位高々20%の顧客によってもたらされるという事実です。

図表 5-3　20 対 80 の法則

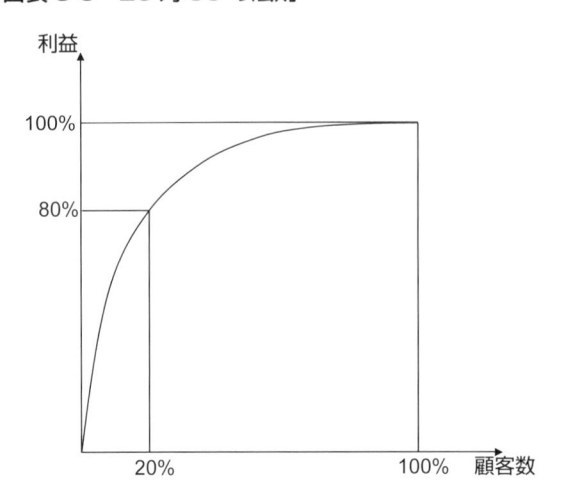

これが20対80の法則です。常に20対80というわけではありませんが，ほとんどの企業で同様の傾向が見られるのは事実です。

20対80の法則からすぐに分かることは，上位20%に相当する顧客を発見し，その顧客を維持することが重要だということです。

ところが一説によれば，多くの企業は5年間で5割の顧客を失っているといわれています。20対80の法則のような事実があるならば，新規顧客の開拓にあくせくしなくても，既存顧客の離反を食い止めるだけで利益は相当増加するはずです。

さらに，コスト面を考えても新規顧客開拓よりも既存顧客維持の方が有利です。なぜならば，新規顧客を開拓するためにはさまざまな先行投資的なコストが必要になりますが，既存顧客に対してはそのようなコストは不

要だからです。

　したがって，既存顧客の維持，中でも上位20％に属すような優良顧客の維持は非常に有効な戦略となります。

　この考えがもとになっているのが，CRM（Customer Relationship Management）です。CRMという言葉は単なるITツールを指す言葉として使われている面もありますが，本来は優良顧客との関係性を重視する顧客維持型マーケティングを表す言葉です。その具体例が，航空会社のマイレージ・サービスであり，家電量販店のポイントカードです。

顧客別に損益を管理

　残念ながら現在の会計は顧客別で利益を捉えるという視点が希薄です。セグメント別会計もそうですが，原価計算にしても製品別に原価を計算するのが目的になっています。顧客別に原価を計算するという発想はありません。

　しかし，顧客こそが利益の源泉だとするならば，製品・サービス別の損益管理だけでいいはずがありません。顧客別にこそ損益管理をすべきです。

　顧客別に損益を管理することによって，20対80の法則に従った顧客維持型マーケティングも初めて可能になります。また，顧客別に損益を管理することによって，今まで見えなかったことも見えてきます。

　図表5-4は製品という切り口と顧客という切り口で利益を整理したものです。

　これを製品別の切り口で見れば，合計400千円の利益を出している製品Pが最も利益を上げている製品であり，合計50千円の利益しか出していない製品Sが最も利益を上げていない製品であることが分かります。この視点で見れば，今後は製品Pの販売を強化し，製品Sは場合によっては販売中止ということになるでしょう。

図表5-4 顧客と製品のマトリクスで損益を捉える

	製品P	製品Q	製品R	製品S	
顧客A	100千円				⇒ 100千円
顧客B	150千円	200千円	250千円		⇒ 600千円
顧客C	150千円		100千円		⇒ 250千円
顧客D		100千円		50千円	⇒ 150千円
	⇓	⇓	⇓	⇓	
	400千円	300千円	350千円	50千円	

　製品別という切り口でしか損益を見なかったら，ここで終わりです。
　これを顧客別で見ると何が見えてくるでしょうか。
　まず，合計600千円の利益を出している顧客Bが最も利益をもたらしてくれている顧客だということが分かります。そして顧客Bは，製品Qや製品Rの購買によって当社に高い利益をもたらしてくれていることが分かります。ということは，顧客Bというターゲットに対しては製品Qや製品Rの販売を強化することが有効である可能性があります。製品別の切り口で重視すべきと考えた製品Pではありません。
　さらに，顧客Bは製品Sをまったく買っていないことが分かります。これは顧客Bが元々製品Sにはまったく関心がないからなのかもしれませんが，もしかしたら認知度が低くたまたま買っていなかっただけかもしれません。もし後者が理由だとしたら，製品Sには大きな成長余地があることになります。製品Sの販売中止などとんでもない話ということになります。

製品Q, R, Sに対するこのような見方は，製品別という切り口だけでは決して見えてきません。

顧客別コストをどう把握するか

顧客別に損益を管理するためには，当然のことながら顧客別の売上と顧客別のコストが必要になります。顧客別の売上は特別なことをしなくても分かるのが普通ですが，問題は顧客別のコストです。

たとえば，顧客と最も密接な関係にある営業部門のコストでさえも，顧客別にどれだけ費やされたものかは簡単には分かりません。

営業量に応じて変動する変動費であれば，特定の顧客と紐づけるのはそれほど難しくありません。しかし，人件費などの固定費は何らかの工夫が必要になります。

もし，顧客ごとに細かく営業担当者が決まっていれば，その営業担当者の人件費は特定の顧客に紐づけられます。しかし，ある営業担当者が複数の顧客を同時並行的に担当している場合は，そんな単純にはいきません。

顧客別コストを計算する有力な方法の1つはABC（Activity Based Costing）です。逆に，ABCでも使わなければ，顧客別コストを一定の合理性をもって計算することは難しいでしょう。

ABCは，元々製品の原価を計算するものですが，その計算メカニズム上，コスト・オブジェクトとアクティビティを変えれば，どんなアクティビティにもとづくどんなコスト・オブジェクトに対してもコストを計算することができます。

すなわち，顧客別の営業コストを計算したければ，顧客をコスト・オブジェクトにし，営業プロセスに関するアクティビティを抽出すればいいのです。あとは適当なリソース・ドライバとアクティビティ・ドライバを選定し，それらを測定すれば，顧客別の営業コストが計算できます。

ただし，ABCの落とし穴には気を付けてください。ABCは手間がかかっ

ている顧客に多くのコストを配賦し,収益性が悪い顧客であるように見せてしまう傾向があります。手間がかかることを承知であえて取引をしているような場合は,逆行する計算結果になりますので,その点は注意が必要です。

第6章

会計業務のあり方

CASE 16 月次決算と年次決算の擦り合わせに丸3日

―"財管一致"は必要か―

　財務会計と管理会計を一致させる"財管一致"ということがよくいわれます。財務会計と管理会計をなかなか一致させられない現実もあり，財管一致問題は意外と多くの人が悩みを抱えている問題のようです。

　筆者は，"財管一致"には2つの意味があると思っています。その意味の取り方によって，「一致させるべき」ともいえますし，「一致させる必要はない」ともいえます。

　本ケースでは"財管一致"の真実を考えてみましょう。

月次決算と本決算が合わない

　製造業を営むX社は事業部制を採用しています。厳格な独立採算制をとっており，損益計算書も事業部別に作成しています。

　経営管理は，月1回の経営会議によって行われています。経営会議には社長をはじめ役員および各事業部長が出席し，事業部ごとの損益をチェックしています。

　経営会議で使われる月次損益計算書は経営企画室が取りまとめています。その元となるデータは財務会計データをベースにしつつ，売上と製造原価にかかわるデータは経営企画室が独自に営業や製造の現業部門から収集したデータを用いています。

　上記のデータをもとに費用を変動費と固定費に分け，固定費は全額期間費用とする，いわゆる直接原価計算を行っています。それによって月次損益計算書では限界利益が分かるようになっています。さらに，事業部長に

とって管理可能な費用と不能な費用にも分けており，管理可能利益も分かるようになっています。

このような独自のデータとフォーマットにもとづく月次損益計算書により，X社では非常に効果的な月次管理ができています。

しかしその一方で，X社には大きな悩みの種が1つありました。

経理部が外部報告のために作成する決算書が，経営会議で使用している月次損益計算書とつじつまが合わないのです。

直接原価計算を採用していますから，固定費の分だけ利益と棚卸資産価額に差異が生じるのはもちろん認識しています。それについては固定費調整を適正に行っています。それ以外の考えられる差異もすべて調整していますが，それでも毎回のように説明できない差異が残るのです。

かつて，年度末の決算承認のために経理部から取締役会に提出された決算書の内容が，それまで経営会議に提出されてきた内容とあまりにも違うことがありました。両者の差異を明確に説明できなかった担当者は，社長から「どうなってるんだ！」と激怒されたことがありました。

それ以来，決算承認の取締役会の前は，経理部と経営企画室の主要メンバーが差異の調整をするのが恒例となっています。何とか社長に怒られない程度につじつまを合わせるまでに，毎回丸3日を要しています。それでも，どうしても説明がつかない差異が残るのもいつものこととなっています。

"財管一致"のウソとホント

上記のケースにおいて，外部報告目的の決算書はいうまでもなく財務会計です。一方，月次決算で使用しているのは管理会計です。

上記のように，丸3日かけても財務会計と管理会計が食い違ったままというのは少々極端な例だとしても，両者が一致しなくて困っているという話はしばしば耳にします。

担当者も困るでしょうが，何より困るのは経営者です。毎月の経営会議では順調に利益が出ていると聞かされていたのに，いざ対外的に公表する決算書を見てみたら，今まで聞かされていた利益よりはるかに少なかった。そんなことにでもなったらシャレになりません。誰だって「話が違うじゃないか！」と言いたくなります。上記のケースで社長が激怒するのも無理はありません。

　このようなことが少なからずあるためか，"財管一致"ということがよくいわれます。これは，「財務会計と管理会計は一致させるべし」という考え方です。会計システムベンダーの中には，「財管一致を実現するために，財務会計と管理会計のデータを一元管理できます」などということを謳い文句にしているところもあります。

　この財管一致という考え方ですが，これには2つの意味があると筆者は考えています。その2つの意味を明確に区別して捉えないと，かえって間違った方向に行ってしまいます。「財管一致はすべきか？」という問いに対する答えは，その意味の捉え方によってYesでもありNoでもあるのです。

常に財管一致はあり得ない

　まず，財管一致を「財務会計と管理会計は常に一致していなければならない」という意味で用いるならば，それはNoです。財務会計と管理会計は目的が根本的に違う以上，両者が常に一致していることは，むしろあり得ません。

　財務会計は「外部報告目的の会計」といわれるように，その目的は外部の利害関係者に対して，確定した過去の利益を報告することです。なぜならば，制度的な利益は税額計算の基準値であり配当計算の基準値だからです。制度的な利益の意味はそれ以上でもそれ以下でもありません。

　それに対して管理会計の目的は，会社内部の経営管理者が適正な意思決定ができるように，経営管理者に有用な情報を提供することです。意思決

定とは常に未来に関することです。税額と配当計算という制度的な思惑のために過去の利益の確定を主目的とする財務会計の情報が，そのまま内部経営管理者の意思決定に使えるわけがありません。

　ですから，管理会計には管理会計としてのカタチというものがあるべきなのです。

　本ケースに即していえば，変動費と固定費を分けて限界利益が見えるようにするカタチや，費用を管理可能性で分類して管理可能利益が見えるようにするカタチは，適正な意思決定のためには非常に有用な管理会計のカタチです。

　また，会社によっては，1つの案件に複数の事業部が関与した場合に，関与したすべての事業部に同額の売上高を重複計上している会社もあります。これは，財務会計的には明らかに売上の架空計上です。当然のことながら，財務会計上の売上高とは一致しません。

　一般に行われている方法は，関与した事業部に売上高を按分計上する方法です。そうすれば，財務会計上の売上高とも一致します。

　しかし，そのように売上高を按分計上すると，1つの売上高を巡って取り合いが起こります。事業部間にコンフリクトが生じるため，セクショナリズムを助長することにもなりかねません。働いている人たちも動きにくくなります。

　そこで，あえて売上高を重複計上するという方法があります。これは，適正な行動マネジメントのために有用な管理会計の1つのカタチです。

　限界利益も管理可能利益も売上高の重複計上も，いずれも財務会計にはない考え方です。直接原価計算を採用していれば，営業利益の額も異なります。しかし，適正な意思決定や行動マネジメントのためには，むしろ異なっている必要があるのです。

　重要なことは，財務会計と管理会計を常に一致させることではなく，必要に応じて必要なときに両者を組み替えられることです。

　ただし，組み替えられるとしても両者に差異が生じることは避けられま

せん。その差異の意味を誤解したり，差異に対して過剰反応したりしないようにするために，経営者をはじめとする関係者の会計リテラシーを高めておくことが必要不可欠です。

財管不一致が問題となる場合

　一方で，財管不一致が問題になる場合もあります。
　X社のケースでは，直接原価計算に伴う固定費調整は行っています。ということは，財務会計と管理会計の間の必要な差異調整はやっていると考えられます。
　注目すべきは，それでも「どうしても説明がつかない差異」が残っていることです。
　X社では，経営会議用の月次損益計算書の作成は経営企画室が行っています。そこで1つ気になるのは，その元となるデータのうち，売上高と製造原価にかかわるデータについては経営企画室が独自に収集している点です。
　このようなことは，財務会計と管理会計を担う組織が異なる場合に起こりがちです。
　X社のように，財務会計の担い手は経理部門，管理会計の担い手は経営企画部門というのはよく見受けられることです。それ自体が悪いことは特にありません。
　ただ，異なる組織の間には物理的にも業務的にも壁ができてしまうのが常です。壁ができるとそれぞれの業務内容に疎くなります。組織間の連携も希薄になりますから，それぞれの組織がそれぞれの都合に合わせた仕事のやり方をし始めます。
　X社のケースで経営企画室が独自に現業部門から一部の情報を収集しているのも，おそらく経営会議に向けた資料作成のタイミングやデータ加工の都合か何かがあるからだろうと思います。

しかし，これをやってしまったら財務会計と管理会計はどうやっても一致させることはできなくなります。元となる原始データが異なるからです。どんなに優れたシステムでも，一方を他方に組み替えることはもはや不可能です。

　財務会計と管理会計では，数字の加工や見せ方が異なっていることは大いにあり得ますし，またそうあるべきですが，大前提にあるのは，いつでも両者が行き来できることです。両者の差異はすべて説明可能な差異でなければなりません。

　そのためには，原始データは同じであることが大原則です。「原始データが共通で，財務会計と管理会計の有機的な連携が保たれている」という意味において"財管一致"という言い方をするならば，それはYesです。

"管財組替"があるべき姿

　財務会計と管理会計の有機的な連携という意味での"財管一致"が担保されている前提であれば，重要なことは"財管一致"ではなく"財管組替"です。目的が異なる財務会計と管理会計を無理に一致させず，必要に応じていつでも両者が行き来できるシステムを構築することが重要です。

　もっといえば，"財管組替"ではなく，"管財組替"が本当のあるべき姿ではないかと思います。なぜならば，経営管理において日常的に使うのは管理会計のはずだからです。

　財務会計は外部報告目的ですから，四半期開示の適用を受ける上場会社でも，必要になるのは3ヵ月に1度です。非上場企業であれば，必要になるのは税務申告のときだけですから，それこそ1年に1回だけかもしれません。

　一方，管理会計はマネジメントのためのものですから，毎日使うはずです。毎日使わなければ逆におかしいのです。

　そう考えると，会計システムについても，もっと管理会計にお金を使っ

てもよさそうに思います。

　どこの企業も，財務会計には立派なシステムを使っています。大企業にでもなれば，数億円もする立派な ERP を導入しているところもたくさんあります。ところが，そんな立派な財務会計システムをもっている企業も，管理会計となると，財務会計システムからデータをエクセルか何かにダウンロードして，パソコン上でちょこちょこっと作業して帳票を作っているだけという例も少なからず見聞きします。主従関係でいえば，完全に財務会計が「主」で管理会計が「従」という関係です。

　しかし，使用頻度も経営管理上の重要性も，本来は管理会計システムの方が高いはずです。確固たる管理会計のシステムがまずあって，それを使って日々の経営管理を行う。そして，制度の求めに応じて3ヵ月に1度，場合によっては1年に1度，管理会計データから財務会計データに組み替える。そんな"管財組替"が本来の姿ではないでしょうか。

　このような意見は，ほとんど現実味のない正論であることは承知していますが，本来の姿を理解した上で，そうでない現実に妥協するということは重要なことだと思います。少なくとも，管理会計システムとはそれほど重要なシステムであるという認識は必要でしょう。

CASE 17 世界でただ1つの会計センターを実現したオラクル

―IFRSが加速する経理業務のオフショア化―

　会計業務を効率化する手段として，以前からシェアード・サービス・センターが注目されています。本ケースは，基幹業務のシェアード・サービス・センターをグローバルで実現したオラクルのケースです。

　基幹業務は財務会計を中心とする業務ですから，管理会計とは直接関係のない話に思えるかもしれませんが，実は管理会計にも密接に関係しています。

グローバル企業オラクルの課題

　オラクルは，それ自身が多くの国に現地法人を展開していることに加え，M&Aによって急速にグローバル展開を進めている文字通りのグローバル企業です。オラクルが今までに買収した企業は，JDEdwards, PeopleSoft, Siebel, Hyperion, そして比較的新しいところではSun Microsystemsなどがあり，その数は50を超えます。

　買収した企業を含めると，同社の子会社や関連会社は世界中で数百を超えます。かつては，各国の子会社ごとに同社のERPパッケージを用いて，会計，人事，販売管理，購買管理などの基幹業務を行っていたので，ERPシステムの数は60を超えていました。

　基幹業務だけでなく，メール・サーバーやファイル・サーバーなども子会社ごとに運用されていたので，サーバーの数は全世界で1,000を超えていました。

　その結果，グループ全体の人事情報や会計情報を迅速に収集できず，収

集できたとしてもその情報が正確でないといった状況に陥ってしまいました。

さらに，事業とグループ規模の拡大に伴って，ITコストが増加の一途をたどるという課題も抱えていました。

シングル・インスタンスをインドに

上記のような問題を抜本的に解決するために，オラクルは業務とITの統合を図るプロジェクトを2000年にスタートさせました。これは，全世界の子会社を対象としたシェアード・サービス化の取り組みです。同社はこれを「グローバル・シングル・インスタンス（GSI）」と名づけています（図表6-1）。

図表6-1　オラクルのグローバル・シングル・インスタンス（GSI）

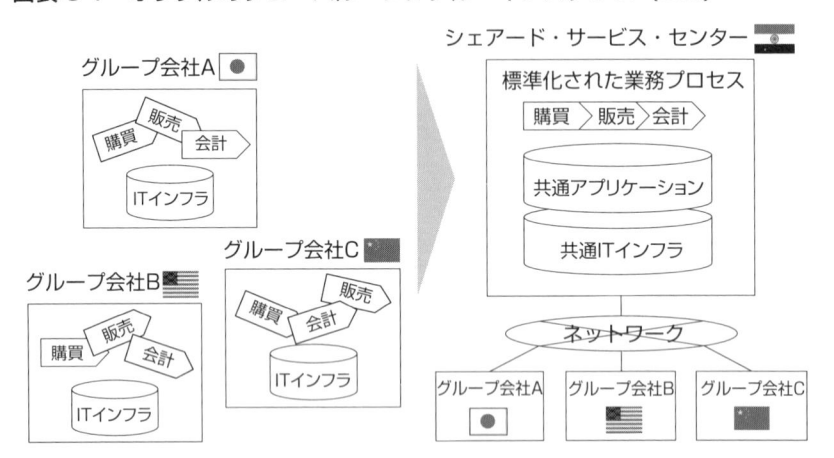

具体的には，まず業務プロセスをグローバルで標準化し，その上で1つのERPに統合しました。メール・サーバーやファイル・サーバーなどのサーバーも統合しました。こうして統合され1つになったシステム，すなわち"シングル・インスタンス"を，全世界の子会社がネットワーク経由

で利用する環境を構築しました。

このプロジェクトは段階的に進められ，2000年から実に5年間を費やしました。当初60以上あったERPシステムは，2年後の2002年には10個になり，翌2003年には3つまで統合され，そして2004年に遂に統合が完了しました。

統合されたシステムは米国におき，会計業務を行うシェアード・サービス・センターはインドに集約しました。

インドにした理由は，人件費，家賃，電気代などのオペレーション・コストが安く，また多言語に対応できる優秀な人材を確保しやすいからです。

大幅なコスト削減と決算早期化

オラクルは，グローバル・シングル・インスタンスをインドに実現したことにより，グローバルでの強固な内部統制環境を構築し，ガバナンスの強化を実現しました。

コストの大幅な削減にも成功しています。システム関連費用や監査関連費用の圧縮，さらに業務の標準化によって実現できた集中購買によるボリューム・ディスカウントなどにより，年間経費を約1,000億円削減できました。

これら，ガバナンス強化とコスト削減は，いわば「守り」を固める効果です。

一方，「攻め」の面でも大きな効果が得られています。

その1つは決算の早期化です。140を超える国にまたがる連結決算について，従来は社内における決算データの集計作業に13日程度かかっていました。それを4日間で完了できるようになったのです。

また，従来はそれぞれの現場が本社の要求に従って四苦八苦しながら連結勘定科目に変換するなど，連結決算の作業に膨大な負荷がかかっていましたが，統合システムによってそれらの作業が自動化されたことにより，

こうした状況も劇的に改善されました。

　人手による情報入力や情報管理などの作業がかなり排除されたことで、開示情報と意思決定のための経営情報の精度も向上しました。

　決算の早期化と情報精度の向上によって、意思決定の質が高まったのはいうまでもありません。

　このように、業務プロセスを標準化し、それを単一のシステムに実装したGSIは、「守り」の面でも「攻め」の面でも、経営を支える重要な基盤となっています。

GSI実現の3つのカギ

　GSIはITの仕組みですから、オラクルがこのような仕組みを実現できたのは、同社の優れたERP製品と高いシステム構築力があったからであるのはいうまでもないでしょう。

　しかし、単に優れたIT製品とシステム構築力だけでは、このような壮大な仕組みをグローバルで構築することはできません。そこには以下の3つのカギがあったと考えられます。

　1つ目は、トップの強力なリーダーシップです。

　これだけ大掛かりな仕組みの変更は、それまでの業務に多大な影響を及ぼすはずです。普通に考えれば、各社および各部門各様の要望や不満がとめどなく噴出して、要件を固めるだけでも大変な作業です。それをまとめ上げられるのはトップの強力なリーダーシップしかありません。

　日本においては、プロジェクト体制表の一番上にプロジェクト・オーナーとして社長名を見ることはよくありますが、ITプロジェクトにおいてここまで実質的にリーダーシップを発揮する例を筆者はあまり知りません。

　2つ目のカギは、業務の標準化です。

　複数の業務を統合し、システムも統合するためには、各社各様で行っている業務を標準化することが大前提となります。その成否がシェアード・

サービス化の成否そのものを分けるといってもいいでしょう。

業務を標準化するためには大所高所からの視点が欠かせません。現場レベルのミクロな視点ではどうしても従来の業務に固執しがちです。ここでもトップのリーダーシップが重要なカギを握っていたと考えられます。

そして3つ目のカギは，会計基準の統一です。

複数の異なる企業の基幹業務を単一のシステムで扱うためには，当然のことながら会計基準が揃っている必要があります。その点オラクルは親会社が米国の企業ということもあって，日本を含むグループ会社は以前から米国基準に統一されていました。

管理会計の比重を増すために

ここで，改めてシェアード・サービス・センターの意義を考えてみましょう。

まず，第1にあげられるのが，グループ単位での会計業務の効率化です。

上場企業といえども，その子会社や関連会社の中には非常に小規模な会社も数多くあります。当然，そのような小規模企業の管理レベルは親会社ほど高くはありません。度重なる改正の度にますます高度化する会計制度に付いていくのは容易なことではありません。

しかも，子会社や関連会社は情報システムに対する投資余力も高くありません。親会社が何億円もするERPを導入している一方で，関係会社では数万円程度の簡易な会計パッケージが使われている例も少なくありません。

このような現状に対して，関係会社が個々に自前の会計システムをもつのをやめて，グループ全体でシステムと業務を集約することは1つの選択肢になるでしょう。これがシェアード・サービス・センターの1つ目の意義です。

シェアード・サービス・センターのもう1つの意義は，管理会計業務の

強化のためです。

　一般的な経理部門における中心的業務は，日々の取引記録とそれにもとづく決算業務だと思います。しかし一方で，経理部門にはもっと経営上の意思決定を支援する業務を担ってほしいと考えている経営トップは少なくありません。つまり，財務会計も必要ですが，もっと管理会計の担い手になってほしいということです。

　ただそうはいっても，財務会計はそれはそれで重要な業務ですし，それだけでも多くの仕事があります。「管理会計の担い手」といわれても，現状のままでは時間的に無理な話です。

　ここで意味をもつのがシェアード・サービス・センターです。財務会計の業務レベルは落とさずにそれを効率化する手段として，シェアード・サービス・センターが1つの選択肢になるのです。

IFRS＋XBRL＋クラウド＝財務会計業務のオフショア化

　オラクルの事例からも分かるように，会計システムをグローバルで集約するためには，会計基準の統一が1つの前提となります。オラクルのように米国基準で統一という手もありますが，これからのことを考えると，一般の企業はIFRSでしょう。

　本来，IFRSは投資家にとって財務諸表の比較可能性の向上をもたらすことを趣旨としていますが，企業自身の会計業務の効率化にも活かせるのです。何より，グローバルでグループ企業をマネジメントしようと思うならば，会計基準が揃ってなければマネジメントのしようがありません。IFRSは企業自身にとって，グローバル・マネジメントのインフラになるのです。

　IFRSは，いわば会計の世界の言葉の壁を取り除くものですが，XBRL（eXtensible Business Reporting Language）という一種のコンピュータ言語を使えば，日本語表記と英語表記を容易に変換することができます。

XBRLは有価証券報告書開示システム（EDINET）や国税電子申告システム（e-Tax）などですでに利用が進んでいます。

さらに，最近流行りのクラウドを利用すれば，世界でただ1つのサーバーに世界中のグループ企業が高速ネットワークを介してアクセスするような財務会計のオフショア化が実現できます（図表6-2）。正に，オラクルのGSIの世界です。

図表6-2　IFRS ＋ XBRL ＋クラウド＝財務会計業務のオフショア化

こうなれば，経理部門が従来から行っているかなりの部分は，もはや日本国内で日本人が行う必然性がなくなります。しかも，人件費が格段に安いとなれば，特に"作業"でしかないような付加価値の低い業務を日本国内で日本人が行う経済合理的な理由は見いだせません。

そして，オフショア化によって浮いた時間を管理会計の業務に充てるのです。

単純作業がオフショア化されれば，自ら考えない，判断しない，経営に貢献しない日本人経理スタッフは，早晩その存在意義を失うことになるかもしれません。

【参考文献】
CFO FORUM Special Issue, 日本オラクル, 2009年。

CASE 18 経理部の廃止を宣言した社長の真意
—これからの経理部門の役割—

　本書におけるケースもいよいよ最後となりました。本ケースでは，これからの経理部門の役割について考えていくことにしましょう。

会計に対するトップの本音

　会計はそれ単独として存在することはあり得ません。会計は企業経営のためにあります。その当然の事実を踏まえるならば，これからの経理部門を考える最大のヒントは，会計に対する企業トップの考えにあります。
　そこで，まず，会計に関して企業トップが発言しているコメントに耳を傾けてみましょう。
　ここでご紹介するのは，筆者が実際に企業トップの口から聞いた話です。
　まずは，某大手上場企業のCFOの発言です。その方は，ある大きなカンファレンスの場で次のようにおっしゃいました。
　「四半期開示が義務化されてからというもの，うちの経理部は毎日のように夜遅くまで決算業務に追われています。しかし筆者は，優秀な社員が決算のような"作業"に毎日忙殺されるのは本意ではありません。彼らにはもっと，経営に役立つ情報を役員に提供するような，そんな"経営参謀"としての役割を担ってほしいのです」。
　この方は，決算業務を「作業」とおっしゃいました。「経理部門が忙しいのはよく分かるけれど，それは"作業"で忙しいだけであって，忙しさに見合う付加価値を生み出しているとは思えない」ということです。
　では，どうであれば付加価値を生み出しているといえるのか。そのキー

ワードとなっているのが「経営参謀」です。

もう1つ、他の方のコメントを紹介しましょう。これは上場企業の社長が、筆者との会話の中でおっしゃったことです。

「会計は重要、重要って皆さん言いますよね。実際、当社でも経営会議や役員会の度に月次決算書が配られています。でも、あれ、私の仕事にはまったく役に立たないんですよ。なぜなら、決算書にもとづいて経営するというのは、バックミラーを見ながら運転しろといわれているようなもんですからねぇ」。

この社長は、決算書は「私の仕事」には役に立たないといっています。社長がいう「私の仕事」とは、将来に向かって戦略を考えることであり、そのためにさまざまな意思決定をすることです。決算書は、そういう仕事には役に立たないと言っているのです。

なぜならば、決算書にある情報はすべて過去の事実に関するものだけだからです。そこに映し出されているのは、すべてバックミラーに映っている通り過ぎた風景だけなのです。

クルマを運転するときには、バックミラーも見ます。しかし、バックミラーしかなかったら、さすがに運転できません。知りたいのは、これから進もうとしているその先にある風景なのです。

2人の発言に共通していることは、決算書を作成する「作業」が経理部門の典型的な仕事になってしまっていることへの不満であり、それを当然と思っている経理部門に対する不満です。

他の経営者の方々も、明言こそしませんが、経理部門に対して漠然とした不満をもっている方が少なからずいます。その不満を要約すれば、こういうことなのでしょう。

管理会計の担い手たれ

では、これからの経理部門はどうあるべきなのでしょうか。

そのヒントは，1人目の方がおっしゃっている「経営参謀」にあります。要するに，もっと経営上の意思決定に役立つ情報を提供する役割を担ってほしいということです。言葉を換えれば，もっと管理会計の担い手たれということです。
　このようにいうと，「いや，ウチでは経営企画室が管理会計を担当しています」といわれるかもしれません。
　経理部門と経営企画部門のどちらが管理会計の担い手として適任かは一概にはいえませんが，実際のところ，財務会計は経理部門，管理会計は経営企画部門という棲み分けをしている会社は多いでしょう。
　ところで，経営企画部門という組織に関して，「経営企画部門は，日本独特の組織だ」と言った人がいました。いわれてみると，米国の企業には経営企画部門に相当するような組織はあまりないかもしれません。
　そもそも，経営企画部門の役割とは何でしょうか。
　「それは戦略立案だ」というかもしれません。しかし，米国の企業であれば，「それは経営トップの仕事であって，担当者が寄ってたかって集団的に考えるようなことではない」というでしょう。外部のコンサルタントを雇うことはあっても，戦略を立案することこそトップの仕事という感覚だと思います。
　戦略が必要なのは，経営資源が有限だからです。そのことを考えれば，戦略立案においてはやることを明確にすること以上に，やらないことを明確にすることの方が重要です。しかし，日本ではとかく，「あれもやります，これもやります」的な"戦略"を目にします。それは，担当者レベルの仕事として集団的に戦略を作っていることにも一因がありそうです。
　戦略立案が経営企画部門の役割ではないとすれば，経営企画部門の役割は「管理会計の担い手だ」というかもしれません。しかし，米国の企業ならば「それは経理部門の役割だ」と答えるでしょう。実際，CFOの傘下に財務会計部門，管理会計部門，税務部門が配置されているケースが多いように思います。

日本企業の中にも,「管理会計の担い手としては経理部門が最適だと思っている」という持論を展開された社長がいました。その理由は,「管理会計は経営管理のためとはいえ,会計である以上,法制度に精通している必要があるから」です。

　これは一理あります。この社会でビジネスをやっていく以上,法制度は必ず従わなければならない制約条件の1つです。その制約条件を踏まえずに正論だけを振りかざすのは,地雷が埋まっている平原を好き勝手に進もうとしているようなものです。実務では役に立ちません。海外の有力ビジネススクールを卒業したMBAホルダーたちの口から,「海外のビジネススクールで勉強したものの中で,アカウンティングだけは日本の実務では使えない」ということをしばしば聞くのも同じことでしょう。制度が絡む世界は,キレイな理屈や高度な計算だけでは通用しないのです。

　このように経営企画部門の役割を考えてみると,日本の経営トップは戦略立案機能をまともに発揮しておらず,経理部門は管理会計の担い手として機能していないために,それを補完するものとして経営企画部門なる組織が存在しているともいえます。

スマイルカーブ化する会計業務

　最近の会計業務は,スマイルカーブ化しているのではないかと思います。
　「スマイルカーブ」というのは,図表6-3のように,横軸にとった業務プロセスのそれぞれがどれだけの付加価値を生み出しているかを描いた図です。横軸には,業務プロセスの上流から下流に向かって左から右にとります。このとき,描いた曲線が人が笑ったときの口元の形になるので,「スマイルカーブ」と呼ばれています。

　このスマイルカーブは,最近の製造業の状況を説明するときなどにしばしば使われています。製造業においては,上流工程に企画開発があり,中央に狭義の物作りである加工・組立があり,一番右側に完成した製品の活

用というプロセスがきます。

スマイルカーブが示していることは，中央の狭義の物作りのところは，今や最も価値を生まないということです。

分かりやすい1つの例がアップルです。

アップルという会社は，業種としては間違いなく製造業です。しかし，彼らが行っているのは一番左側の企画開発のみです。iPhoneやiPadという今までにない製品（さらにはスマートフォンやタブレットというカテゴリーそのもの）を考え出すのが彼らがやっている仕事です。

中央の狭義の物作りの部分をやっているのは，中国や台湾などのEMSです。アップルは一切やっていません。

図表6-3　スマイルカーブ

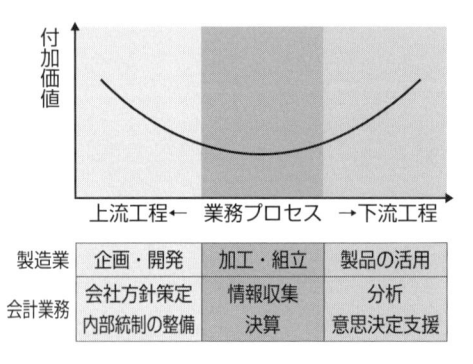

	上流工程←	業務プロセス	→下流工程
製造業	企画・開発	加工・組立	製品の活用
会計業務	会社方針策定 内部統制の整備	情報収集 決算	分析 意思決定支援

そして，スマホ市場でいえば，一番右側，すなわちスマホを活用するための人気アプリを開発している企業もまた，多くの価値を生み出しています。

要するに，「誰かの考えたものを，いわれたとおりにただ単に作る」ということは，少なくとも現在の先進国では付加価値を生まなくなっているのです。

会計業務も同じような状況にあるのではないかと思います。経理にかか

わる多くの人たちが,「これぞ経理の仕事」と思っている決算書や有報を作る仕事は,会計情報を"製造"する,狭義の物作りに相当する業務です。それは,スマイルカーブの中央に位置する最も付加価値の低い仕事です。現に,本ケースの冒頭で紹介したCFOは,その仕事を称して"作業"といっているわけです。

会計業務においても付加価値が高いのは,スマイルカーブの両端に位置する上流と下流の業務です。

上流とは,会計情報を作るための前提となる会計方針の策定や内部統制の整備などです。これからやってくる原則主義のIFRS時代においては,特に主体的に会計方針を策定する役割はますます重要になるでしょう。

一方,下流とは,作られた会計情報を活用することです。すなわち,会計情報を分析し,意思決定に役立たせることです。これは正に管理会計です。

これからの経理部門は,スマイルカーブの両端でもっと力を発揮していく必要があります。

"作業"からの解放と人材教育がカギ

ある上場企業の社長が,あるときこんな大胆なことを言い出しました。

「ウチの会社,経理部はなくすことにしました。制度にしか興味のない経理部は要らないんです。制度のことだけなら,外部の専門家に任せておいた方がよっぽどいいですから」。

この社長,経理部をなくすといっても,経理部の人をクビにすることを意図しているわけではありませんでした。その社長の真意は,経理部門が経営参謀になるべく,役割転換を図ってもらいたいというところにありました。

そして社長は次のように続けました。「そのためには,彼らを付加価値の低い作業から解放する必要がある。具体的には,財務会計は徹底的にア

ウトソーシングすることを考えている」と。

　確かに，スマイルカーブの中央部分で忙殺されていたら，その両端は担えません。両端を担うためには，中央部分の業務から"解放"してあげる必要があります。この社長は，大胆なまでに財務会計をアウトソーシングすることを実際にやってのけました。

　中央部分からの解放手段としては，CASE 17 で取り上げたオラクルの事例や，IFRS を活用したオフショア化のアイデアも参考になるでしょう。

　さらに，その社長は「経理部が経営参謀の役割を果たすためには，マインドの部分も含めて再教育する必要もある」ともいいました。

　同じ会計に関する業務であっても，決められた制度と仕組みに従って淡々と決算書を作成する業務と，そもそもその仕組みをどう作り上げるのかを考えたり，経営に活かすために会計情報をどのように分析し意思決定に役立たせるかを考えたりする業務は，性質がまったく異なります。前者は，制度という模範解答と監査法人という先生がいる世界。後者は，模範解答も先生もいない世界です。

　後者の世界では管理会計の知識や分析スキルなどが求められますが，それ以上に求められるのが，主体的に自分の頭で考える姿勢です。それは論理的に思考することであり，その結果を論理的に第三者に伝えることです。

　このような姿勢やマインドセットは，前者の世界ではあまり求められなかったことかもしれません。それだけに，経理部門の役割転換のためには，知識やスキル以前に，マインドセットからの再教育が必要になるのです。

　それは簡単なことではないかもしれません。しかし，これだけ外部環境が変化している今日において，経理部門が変わらなくていいはずはないのです。

関連理論の解説 6-1

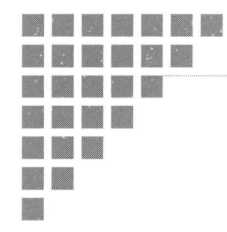

IFRS時代の管理会計

IFRS になったら経営は大混乱？

　世界を見渡すと，EU 諸国には 2005 年に IFRS が適用され，中国，インド，東南アジア諸国などアジアの主要国の多くは 2012 年に IFRS に移行しました。韓国は 2011 年にすでに IFRS に移行しました。IFRS が国際ビジネスにおける共通言語になりつつある 2014 年現在において，未だ IFRS に対して明確なスタンスを打ち出していない主要国は日本と米国ぐらいです。

　このような状況において日本に関して未だ予断を許さないのは，IFRS に対する批判的な意見が少なくないからでしょう。その 1 つとしてしばしば耳にするのが，「IFRS になったら経営は大混乱」という意見です。

　確かに，IFRS は従来の日本基準とは考え方からして相当異なる部分があるのは事実です。ですから，会計基準が IFRS に変われば「経営は大混乱」という意見も分からなくはありません。

　しかし，この議論はあることを前提にしていなければ出て来ない議論です。その前提とは，IFRS を経営管理に使うことです。言い換えれば，IFRS を管理会計にも使うということです。それを前提にしているから，「IFRS になったら経営は大混乱」という話になるのです。

　この前提がそもそも間違っています。なぜなら，IFRS の目的は，ボーダレス化した資本市場における財務諸表の比較可能性の向上であり，そこで想定されている財務諸表利用者は投資家だけだからです。

　これは IFRS に始まったことではありません。財務会計とはそもそもそ

ういうものです。財務会計の本来的な性質がIFRSになってよりクリアさにされただけのことです。

　IFRSには,「投資家にとっての有用な情報の提供」ということ以外の目的はありません。企業内部の経営管理者にとっての有用情報提供など,最初から考えられていないのです。IFRSに向かって「経営が大混乱」というのは言いがかりというものです。不満を向ける矛先が違います。

グローバル・マネジメントの共通言語としての意義

　IFRSが管理会計上意味をもつとしたら,その1つはグローバルにマネジメントを行う上での共通言語としての意義です。

　管理会計といえども,もととなる情報源は財務会計の仕組みに依存します。ですから,財務会計のベースが揃っていることは有効な管理会計の大前提です。しかし,海外のグループ会社の場合,この前提が必ずしも成り立ちません。それでは有効なグループマネジメントは不可能です。

　考えてみれば,会計基準も決算日もバラバラという状況で,一体今までどうやってグループ会社を比較分析しマネジメントしていたのでしょうか。おそらく一部の企業を除く大半の企業では,ベースとなる会計基準の違いには目をつぶって,ただ機械的に数字を眺めていただけか,もしくは,グループ単位でマネジメントするという意識がそもそも希薄だったかのいずれではないでしょうか。

　IFRSを採用すれば,ベースとなるルールが揃いますから,これで初めてまともなグループ経営ができるようになるといえます。

自社の価値観にもとづく管理会計のカタチを

　その上で重要なのが,自社ならではの管理会計のカタチを財務会計の仕組みとは別に構築することです。

そのときに拠り所にすべきは，各社が「どのように経営したいか」ということです。価値観といってもいいでしょう。

IFRSの価値観は欧米的なグローバル資本主義です。簡単にいえば「株主が一番」という価値観です。

そのことは，投資家のみに焦点を当てていることからも明らかですが，IFRSの利益概念からも読み取ることができます。

IFRSの利益は資産・負債アプローチにもとづきます。すなわち，純資産の増加が利益という考え方です。しかも，資産・負債に対しては積極的に公正価値を適用しますから，IFRSの利益とは公正価値ベースの純資産の増加です。

公正価値ベースの純資産はファイナンス理論における株主価値に相当します。株主価値を発行済株式数で割ったものは，M&Aなどにおいて用いられる理論株価です。極論すれば，IFRSにおける利益とは株主価値の増加であり，理論株価の増加なのです。

資本主義経済の下でビジネスをしている以上，株主価値の最大化は1つのゴールではあります。そうだとしても，そこに至る道筋はいろいろあるはずです。

たとえば，利益の源泉はいうまでもなく顧客ですから，株主よりも顧客を第一に考える経営というのは十分にあり得ます。その場合は，管理会計も顧客の価値を第一に考えられる仕組みになっていなければなりません。

もしくは，従業員こそ会社の財産であり富の源泉だと考えるならば，従業員のモチベーションを第一に考える経営というのもあり得るでしょう。たとえば米国のサウスウェスト航空は，顧客満足度より従業員満足度が重要だと公言し，また実践しています。なぜならば，顧客満足度を生み出すのは従業員満足度だからです。これもまた1つの価値観です。その場合は，管理会計も従業員を第一に考えられる仕組みになっているべきです。

ルールはグローバルでもやり方はローカルでいい

　IFRSは，資本主義のルールにもとづく企業経営の"結果"を表すものに過ぎません。そこに至る"プロセス"はマネジメントできません。プロセスのマネジメントに資するのが管理会計です。そしてそれは独自の価値観にもとづくべきです。

　開かれた国際市場でビジネスをする以上，IFRSという国際的統一ルールは必須です。IFRSが従来の感覚になじまないとしても，それが国際ルールである以上，国際市場で戦う企業はそれに従うしかありません。

　オリンピックに出場する選手は，どんなに違和感があろうとも，国際ルールに従い，外国人審判の指示に従うしかないのです。それが嫌なら日本国内だけで競技をしていればいいのです。

　それは日本の選手だけではなく，他国の選手も同じはずです。

　しかし，試合でどのように戦うかという戦略や，その戦略にもとづきどのような練習をするかは，日本を含めて各国違うはずですし，違うべきです。なぜならば，真の国際化とは何でもかんでも欧米のやり方に従うことではなく，自国の文化や独自性を大切にすることだからです。そこに明確なアイデンティティと差別化が生まれ，国際的な競争力につながるのです。

　ルールはグローバルでも，やり方はローカルでいいのです。ルールがグローバルに共通化されるIFRS時代の今こそ，独自の価値観にもとづく確固たる管理会計の再構築が必要なのです。確固たる管理会計があれば，「IFRSによって経営が大混乱」などということは起こりようもありません。どんなにルールが変わろうとも，価値観にブレがなければ，管理会計の仕組みが影響を受けることはないからです。

見えなくなったものを補う

　IFRSに移行した場合の具体的留意点としては，まず見えなくなって困るものを補うことが第一です。これは経営管理の連続性を保つ上で必要不可欠な対応です。

　たとえば，売上高はその意味が大きく変わる可能性がありますので，従来の意味における売上高は実質的に見えなくなることがあります。特に，総額計上から純額計上に変更しなければならない企業では売上高の金額が激減するはずです。

　総額ベースの売上高で企業規模をつかんでいた人にとっては感覚が狂いますし，売上高利益率などの指標の連続性はまったく保たれなくなります。

　このような場合は，総額ベースの売上高を管理会計の財務諸表に追加してあげればいいのです。総額ベースの売上高はいわば取扱高ですから，勘定科目の混乱を避けるために，たとえば「取扱高」のような勘定科目で従来の売上高を表示するといいでしょう。

　また，多くの日本企業で重視される経常利益という利益区分はIFRSにはありません。経常利益は日本独自の利益ですし，管理会計における有用性にも少々疑問がありますから，経常利益など見えなくていいという考えもあるかもしれません。しかし，長らく経常利益に親しんできた向きには，「経常利益を見れば感覚的にピンとくる」ということはあるでしょう。そうであれば，人が何と言おうと，経常利益を独自に計算して管理会計の財務諸表に追加すればいいのです。

新たに見えるようになるものを活かす

　見えなくなったものを補う一方で，IFRSによって新たに見えるようになるものを積極的に経営管理に活かすということも重要です。

　たとえば，公正価値を重視するIFRSは無形資産（インタンジブルズ）

の評価に対しても積極的です。櫻井通晴先生は，その著書『管理会計（第5版）』（同文舘出版，2012年）の中でIFRSをインタンジブルズ型経済に対応した会計基準と位置づけています。非常に示唆に富む見方です。

　先生はかねてより，ポスト工業化社会におけるインタンジブルズの重要性を指摘していますが，それはたとえばアップルなどの現状を見れば明らかです。そのような今日において，無形資産の評価情報を積極的に経営管理に活かすことは大いに意義があるでしょう。

　一部では「IFRSは製造業には向かない」といわれているようですが，狭義の"モノ作り"ではコスト的に到底太刀打ちできない豊かな先進国になってしまった日本の現状を考えると，製造業にこそIFRSは有用な会計基準なのではないかとさえ思えてきます。

　また，のれんが償却対象外になる代わりに毎期厳格な減損テストの対象になることも，有効な経営管理に役立つ可能性を秘めています。なぜならば，毎期減損テストを行うということは，M&Aの事後評価を継続的にやり続けるということだからです。従来のようにM&Aの事後評価をうやむやにすることはもうできなくなる可能性があります。

VBMなどの手法の活用も

　IFRSにおける利益が株主価値の増加であるならば，利益増大のためにやるべきことは株主価値の増大です。これは，「売上を増やして費用を削減すれば利益が増える」という従来の収益・費用アプローチ的な感覚とは異なります。

　株主価値増大のために役立つマネジメント手法にVBM（Value Based Management）というものがあります。直訳すれば，「価値にもとづく経営」ということです。ここでいう「価値」とはいうまでもなく株主価値です。

　VBMを簡単にいえば，株主価値をそれに影響を与える"バリュー・ドライバ"にブレークダウンし，それぞれのバリュー・ドライバを改善する

ことによって，結果的に株主価値の増大を達成しようという考え方です。

　一般的に，バリュー・ドライバは財務諸表のさまざまな項目に加え，企業のリスクや信用力にまで及びます。したがって，株主価値の増大を1つのきっかけとすることによって，企業をバランスよく改善することができるのです。これがVBMの1つの効用です。IFRS時代には，このような手法を取り入れることも一考に値するでしょう。

索　引

A～Z

ABC ……………………………… 88
ABM ……………………………… 34, 94
Beyond Budgeting ……………… 152
CCB ……………………………… 112
CPV 図 …………………………… 134
CPV 分析 ………………………… 110
CRM ……………………………… 185
EDINET …………………………… 221
e-Tax ……………………………… 221
GSI ………………………………… 216
IFRS ……………………………… 199
IRR ………………………………… 156
JAL フィロソフィ ……………… 64
KPI ………………………………… 7, 27
LBO ……………………………… 169
NPV ……………………………… 156
ROI ……………………………… 160
TDABC …………………………… 90
To Do ……………………………… 37
TOB ……………………………… 169
VBM ……………………………… 234
XBRL ……………………………… 220

あ

アクティビティ・コスト ……… 91
アクティビティ・ドライバ …… 91
アメーバ経営 …………………… 53
安全余裕率 ……………… 112, 140

稲盛和夫 ………………………… 52

インタンジブルズ ……………… 233

売上線 …………………………… 134

オープンブック・マネジメント …… 57

か

回収期間 ………………………… 160
学習と成長の視点 ……………… 32
カタチ …………………………… 14
活動基準管理（ABM） ………… 34, 94
活動基準原価計算（ABC） …… 88
活動分析 ………………………… 126
株式公開買い付け（TOB） …… 169
ガラス張り経営の原則 ………… 57
管財組替 ………………………… 213
感度分析 ………………………… 40
カンパニー制 …………………… 6, 44
管理会計のカタチ ……………… 100
管理可能費 ……………………… 151
管理不能費 ……………………… 151

業績評価指標（KPI） ………… 7, 27
京セラフィロソフィ …………… 63
競争型組織 ……………………… 22
協調型組織 ……………………… 23
業務プロセスの視点 …………… 32

倉重秀樹 ………………………… 2
グローバル・シングル・インスタンス(GSI)… 216

237

経営参謀	222	シンプル・マネジメント	54
経済性計算	156	スティーブ・ジョブズ	73
決算の早期化	217	ストレッチ予算	152
		スマイルカーブ	225
顧客維持型マーケティング	185		
顧客開拓型マーケティング	185	成果尺度	39
顧客価値	189	生産性	130
顧客シェア	190	生態系モデル	71
顧客の視点	32	セグメンテーション	201
国際財務報告基準（IFRS）	199	セグメント情報	199
個人主義的発想	72	ゼロ・ベース思考	129
コスト・オブジェクト	90	尖閣問題	55
コスト・ドライバ	91	戦略	36
固定費中心型	111	戦略マップ	42
コミッティド・コスト	117		
		総費用線	134
さ		損益分岐点	112
財管一致	208	損益分岐点図（CPV 図）	134
財管組替	213	損益分岐点比率	142
採点基準	7	損益分岐点分析（CVP 分析）	110
財務の視点	32	孫正義	165
シェアード・サービス・センター	215	**た**	
時間当たり採算	54	ターゲティング	201
時間価値	177	助け合いモデル	72
事業部制	6, 17, 44	脱予算経営（Beyond Budgeting）	152
事後の損益分岐点	139	タテの視点	173
資産・負債アプローチ	231		
事前の損益分岐点	139	チーム制	3
収益・費用アプローチ	234	チャリンチャリン・ビジネス(CCB)	112
従業員満足度	192		
正味現在価値（NPV）	156	投資対効果	171
自律	63	投資の意思決定	156
人件費前利益	196		

富の分配プロセス ……………… 194

な

内部取引価格 ……………… 44, 45
内部利益率（IRR）……………… 156

20対80（ニッパチ）の法則 ……… 185

のれん ……………………… 234

は

パーミッション・マーケティング… 189
配賦 ……………………… 81, 88
配賦基準 ……………………… 88
ハイリスク・ハイリターン型 …… 114
パフォーマンス・ドライバ ………… 39
早川徳次 ……………………… 79
バランスト・スコアカード ……… 7, 31
バリュー・ドライバ ……………… 234

ビジョン ……………………… 36
費用対効果 ……………… 171

フィロソフィ ……………………… 64
負担金 ……………………… 105
負担金方式 ……………… 107
分散投資 ……………………… 181

変動費中心型 ……………… 111

ポスト資本主義 ……………… 194
本社費予算差異 ……………… 104

ま

マーケティング ……………… 184
松下幸之助 ……………………… 79
マトリクス組織 ………………… 11
マネジド・コスト ……………… 117
マネジメント・アプローチ ……… 199

ミニ・プロフィットセンター（MPC）…59

無形資産 ……………………… 233

盛田昭夫 ……………………… 79

や

ヨコの視点 ……………… 173
予算管理 ……………… 148
予算超過額 ……………… 104
予算統制 ……………… 148
予算編成 ……………… 148
4つの視点 ……………………… 32

ら

リソース ……………………… 90
リソース・ドライバ ……………… 91
リレーションシップ・マーケティング… 185

レバレッジド・バイアウト（LBO）… 169

ローリスク・ローリターン型 …… 114
ローリング予算管理 ……………… 154

わ

割引率 ……………………… 178
ワン・トゥ・ワン・マーケティング… 185

【著者紹介】

金子 智朗（かねこ ともあき）

コンサルタント，公認会計士，税理士。

1965年生まれ。東京大学工学部卒業，同大学院修士課程修了。

日本航空（株）において情報システムの企画・開発に従事しながら公認会計士試験に合格後，プライスウォーターハウスクーパースコンサルタント等を経て独立。現在，ブライトワイズコンサルティング合同会社代表。

会計とITの専門性を活かしたコンサルティングを中心に，各種セミナーや企業研修も多数行っている。名古屋商科大学大学院ビジネススクール教授。

『MBA財務会計（第2版）』（日経BP社），『「管理会計の基本」がすべてわかる本（第2版）』（秀和システム），『管理会計がうまくいかない本当の理由』（日本経済新聞出版社），『合理性を超えた先にイノベーションは生まれる』（クロスメディア・パブリッシング），『新・会計図解事典』（日経BP社），『教養としての「会計」入門』（日本実業出版社），『会計思考トレーニング』（PHPビジネス新書），『数学×会計』（税務研究会）など著書多数。

ホームページ　http://www.brightwise.jp
　　　　　　　https://www.kaikeijiten.com （オンライン会計事典）

平成26年9月30日　初版発行
令和7年1月25日　初版15刷発行　　　略称：ケース管理会計

ケースで学ぶ管理会計
―ビジネスの成功と失敗の裏には管理会計の優劣がある―

著　者　Ⓒ金　子　智　朗
発行者　　中　島　豊　彦

発行所　同文舘出版株式会社
東京都千代田区神田神保町1-41　〒101-0051
営業 (03) 3294-1801　　編集 (03) 3294-1803
振替 00100-8-42935　　https://www.dobunkan.co.jp

Printed in Japan 2014

DTP：リンケージ
印刷・製本：三美印刷

ISBN978-4-495-20111-1

JCOPY 〈出版者著作権管理機構 委託出版物〉
本書の無断複製は著作権法上での例外を除き禁じられています。複製される場合は，そのつど事前に，出版者著作権管理機構（電話 03-5244-5088，FAX 03-5244-5089, e-mail: info@jcopy.or.jp）の許諾を得てください。